# *Active Korean 3*

# Active Korean 3

서울대학교 언어교육원
Language Education Institute
Seoul National University

TWO PONDS
|주| 투판즈

# Preface 머리말

Active Korean 3는 한국어 성인 학습자를 위한 단기 연수용(약 60시간) 한국어 교재 시리즈 중 셋째 권이다. 그동안 대부분의 한국어 교재는 집중 과정용으로 개발되어, 단기간에 실제적인 한국어 의사소통 능력을 키우고자 하는 학습자에게는 비효율적인 측면이 있었다. 이 책은 한국어를 배우는 학습자들이 단기간에 기초적인 의사소통 능력을 갖추도록 하기 위해서 개발되었으며, 다음과 같은 특징을 가지고 있다.

첫째, 상황 및 기능 중심적 교수요목을 바탕으로 일상생활에서 사용하는 실제적이고 기본적인 내용으로 구성하였다. 학습자들에게 필수적인 상황 및 기능을 중심으로 어휘와 문법, 표현을 선정하였다.

둘째, 체계적인 어휘 및 문법 학습이 이루어지도록 하였다. 매 과의 첫머리에 의미 범주와 품사별로 어휘 목록을 제시하고, 매 과의 마지막에 확장 표현 및 어휘를 제시하여 학습의 편의를 꾀하였다. 또한 문법 항목에 대한 자세한 설명을 통해 학습자가 문법을 정확하게 이해하여 적절하게 사용할 수 있도록 하였다.

셋째, 의사소통 기능을 통합적으로 활용하고 목표 문법을 완전히 습득하도록 하는 과제와 활동을 다양하게 제공하였다. 이러한 과제 수행을 통해 학습자는 유창성을 향상시키고 학습 의욕을 고취시킬 수 있다.

넷째, 수업의 구조와 학습자를 고려하여 단원 체제를 구성하였다. 주제와 상황에 맞는 문법과 표현, 그것을 활용한 담화의 순으로 제시함으로써 수업의 일반적 구조에 맞고 학습자의 이해와 활용이 용이하게 하였다.

다섯째, 본 교재에서는 어휘와 표현, 문법과 함께 듣기, 말하기, 읽기, 쓰기를 통합적으로 활용할 수 있는 능력을 기른다. 별도로 구성된 워크북을 통해서는 어휘 및 표현 연습과 문법 연습을 통해 학습 내용을 연습하고 정리해 볼 수 있다.

여섯째, 다양한 사진과 삽화 등 시각 자료를 풍부하게 제공하여 실제적이고 흥미 있는 학습이 가능하도록 하였다. 또한 시각 자료를 통해 의미와 상황을 정확하게 전달하고 학습자의 흥미를 유발함으로써 학습 효과를 높이고자 하였다.

일곱째, 수업용 교재로서뿐만 아니라 자율 학습용 교재로서도 사용이 가능하도록 배려하였다. 각 과에 제시된 순서대로 학습해 나가면 성공적인 학습 결과를 얻을 수 있도록 구성하였으며, 문법 설명과 지시문 등이 영어로 명료하게 제시되어 있다. 또한 학습 결과를 스스로 점검하고 확인할 수 있어 자기 평가가 가능하다.

이 책이 완성되기까지 오랜 기간에 걸쳐 집필 및 출판 과정에 헌신적으로 참여해 주신 교재개발위원회 선생님들의 노고에 이 자리를 빌려 깊은 감사를 드린다. 아울러 이 책이 출판되기까지 많은 도움을 주신 투판즈의 사장님과 편집진 여러분께도 감사의 마음을 전한다.

2008. 2.

**홍 기 선**
서울대학교 언어교육원 원장

Active Korean 3 is the third volume in the Korean language textbook series designed for adult learners in a short-term training course (about 60 hours) of Korean language. Most textbooks of Korean language up until recently were developed for intensive courses, so they were not suitable for learners who wanted to improve their communication skills in a short period of time. Written for adult learners who are learning Korean as a foreign language, it aims to develop learners' basic communication skills in a short period of time by using the following methods:

First, on the basis of a situation and function centered syllabus, this book is composed of essential vocabulary, grammar and expressions for learners derived from everyday situations and functions of real-life.

Second, this book aims to enable learners to acquire vocabulary and grammar systematically. To facilitate active vocabulary building, vocabulary lists, which are categorized by meanings and parts of speech, are presented on the first page of each unit, and extended vocabulary and expressions are presented at the end of each unit. Through the detailed explanation of grammar items, learners are able to understand the target grammar accurately and use it appropriately.

Third, various tasks and activities are provided to enable learners to acquire the target grammar and apply it to practical situations. Through these challenging tasks and activities, learners are able to improve their communicative competence.

Fourth, units are organized in consideration of class structure and learners. Grammar and expressions related to the topic and the given situations and an extended conversation are presented in order in every unit to suit a general class structure and to facilitate learners' understanding and application.

Fifth, this book features integration of vocabulary, expressions, grammar, listening, speaking, reading and writing. The separate workbook helps learners to practice and organize what they have learned from the main textbook through exercises in grammar, expressions and vocabulary.

Sixth, a wide variety of photos and illustrations are provided to arouse learners' interests in learning and enable learners to have an accurate understanding of the given meanings and situations.

Seventh, this book can be used not only as a textbook for classes but also as a self-study book. Studying each unit in order will lead learners to successfully learn on one's own. To facilitate learners' understanding, explanations on grammar and instructions are presented in English, and self-assessment is possible as well.

We wish to express our sincere gratitude to all the instructors from the Textbook Development Committee who have contributed to the work of writing and publication of this book. In addition, we would like to convey our gratitude to the CEO of TWOPONDS and his editorial staff for their generous support in having this volume published.

February 2008

Ki-Sun Hong

Executive Director
Language Education Institute, Seoul National University

# How to Use This Book 일러두기

This book consists of 9 units. Each unit consists of the following section.

UNIT 1

Experience
경험

In This Unit
- Talking about experiences 경험 표현하기
- Describing when it happened 어떤 일이 일어난 시간 표현하기
- Asking for opinion 의견 묻기

Warm Up | 준비
1. 이 사람들은 뭘 하고 있어요? 여러분도 전에 이런 일을 했어요?
2. 한국에서 뭘 하고 싶어요? 친구하고 같이 이야기하세요.

16 UNIT 1

## In This Unit

Objectives and functions to learn in each unit are presented in 'In This Unit'.

## Warm up

It presents pictures with questions that are related to the topic of the unit to motivate learners to get ready for studying.

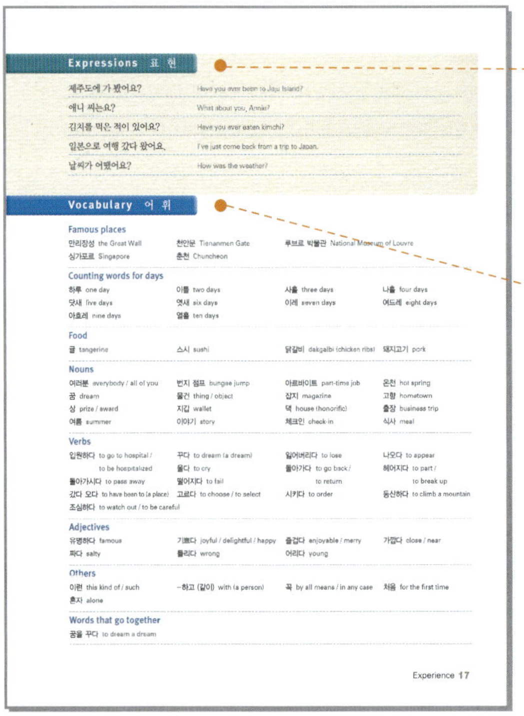

Expressions 표 현

| | |
|---|---|
| 제주도에 가 봤어요? | Have you ever been to Jeju Island? |
| 애니 씨는요? | What about you, Annie? |
| 김치를 먹은 적이 있어요? | Have you ever eaten kimchi? |
| 일본으로 여행 갔다 왔어요. | I've just come back from a trip to Japan. |
| 날씨가 어땠어요? | How was the weather? |

Vocabulary 어 휘

Famous places
만리장성 the Great Wall | 천안문 Tienanmen Gate | 루브르 박물관 National Museum of Louvre
싱가포르 Singapore | 춘천 Chuncheon

Counting words for days
하루 one day | 이틀 two days | 사흘 three days | 나흘 four days
닷새 five days | 엿새 six days | 이레 seven days | 여드레 eight days
아흐레 nine days | 열흘 ten days

Food
귤 tangerine | 스시 sushi | 닭갈비 dakgalbi (chicken ribs) | 돼지고기 pork

Nouns
여러분 everybody / all of you | 번지 점프 bungee jump | 아르바이트 part-time job | 온천 hot spring
꿈 dream | 물건 thing / object | 잡지 magazine | 고향 hometown
상 prize / award | 지갑 wallet | 댁 house (honorific) | 출장 business trip
여름 summer | 이야기 story | 체크인 check-in | 식사 meal

Verbs
입원하다 to go to hospital / to be hospitalized | 꾸다 to dream (a dream) | 잃어버리다 to lose | 나오다 to appear
울다 to cry | 돌아가다 to go back / to return | 헤어지다 to part / to break up
돌아가시다 to pass away | 떨어지다 to fail
갔다 오다 to have been to (a place) | 고르다 to choose / to select | 시키다 to order | 등산하다 to climb a mountain
조심하다 to watch out / to be careful

Adjectives
유명하다 famous | 기쁘다 joyful / delightful / happy | 즐겁다 enjoyable / merry | 가깝다 close / near
짜다 salty | 틀리다 wrong | 어리다 young

Others
이런 this kind of / such | -하고 (같이) with (a person) | 꼭 by all means / in any case | 처음 for the first time
혼자 alone

Words that go together
꿈을 꾸다 to dream a dream

Experience 17

## Expressions

The expressions related to the topic and functions of each unit are presented in this section. These essential expressions for communication are presented in sentence unit.

## Vocabulary

New vocabulary words that appear in each unit are presented in this section. Collocational expressions are categorized separately by 'Words that go together'. This 'Vocabulary' section will function as a dictionary for learners while studying each unit.

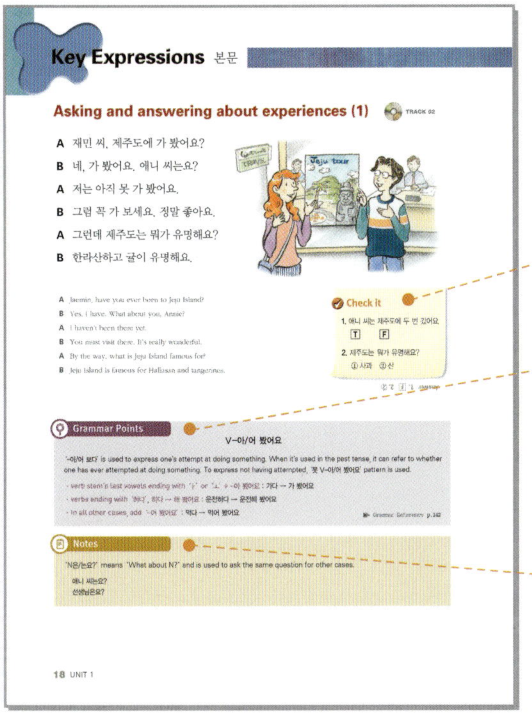
Key Expressions 본문

Asking and answering about experiences (1) TRACK 02

A 재민 씨, 제주도에 가 봤어요?
B 네, 가 봤어요. 애니 씨는요?
A 저는 아직 못 가 봤어요.
B 그럼 꼭 가 보세요. 정말 좋아요.
A 그런데 제주도는 뭐가 유명해요?
B 한라산하고 귤이 유명해요.

A Jaemin, have you ever been to Jeju Island?
B Yes, I have. What about you, Annie?
A I haven't been there yet.
B You must visit there. It's really wonderful.
A By the way, what is Jeju Island famous for?
B Jeju Island is famous for Hallasan and tangerines.

Check it
1. 애니 씨는 제주도에 두 번 갔어요. T F
2. 제주도는 뭐가 유명해요? ① 사과 ② 산

Grammar Points
V-아/어 봤어요
'-아/어 보다' is used to express one's attempt at doing something. When it's used in the past tense, it can refer to whether one has ever attempted at doing something. To express not having attempted, '못 V-아/어 봤어요' pattern is used.
- verb stem's last vowels ending with 'ㅏ' or 'ㅗ' + -아 봤어요 : 가다 → 가 봤어요
- verbs ending with '하다', 하다 → 해 봤어요 : 운전하다 → 운전해 봤어요
- In all other cases, add '-어 봤어요' : 먹다 → 먹어 봤어요
Grammar Reference p.142

Notes
'N은/는요?' means 'What about N?' and is used to ask the same question for other cases.
애니 씨는요?
선생님은요?

18 UNIT 1

## Key Expressions

Various exemplary dialogues or statements which introduce the topic and related situations of each unit are presented in this section.

**Check it**

'Check it' enhances learners' comprehension of the dialogue or statement.

**Grammar Points**

Key explanations on the new grammar points of each unit are presented. More explanations on the grammar are presented in 'Grammar Reference' at the end of this book.

**Notes**

Basic explanations on the essential vocabulary and expressions used in the given text are presented.

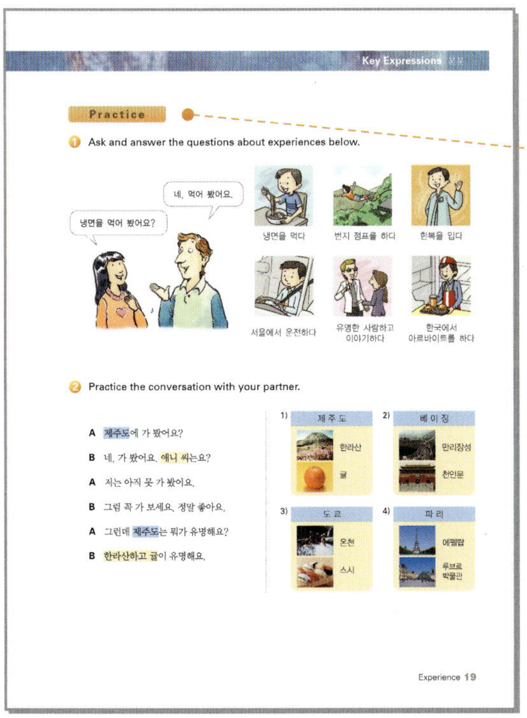
Key Expressions 본문

Practice

1. Ask and answer the questions about experiences below.

냉면을 먹어 봤어요?
네, 먹어 봤어요.
냉면을 먹다
번지 점프를 하다
한복을 입다
서울에서 운전하다
유명한 사람하고 이야기하다
한국에서 아르바이트를 하다

2. Practice the conversation with your partner.

A 제주도에 가 봤어요?
B 네, 가 봤어요. 애니 씨는요?
A 저는 아직 못 가 봤어요.
B 그럼 꼭 가 보세요. 정말 좋아요.
A 그런데 제주도는 뭐가 유명해요?
B 한라산하고 귤이 유명해요.

1) 제주도: 한라산, 귤
2) 베이징: 만리장성, 천안문
3) 도쿄: 온천, 스시
4) 파리: 에펠탑, 루브르 박물관

Experience 19

## Practice

Various forms of exercises to check and review what learners have learned are provided in this section. The last excercise in each section provides learners not just a simple grammar practice but a chance to practice the grammar in practical situations by reorganizing the exemplary dialogues or statements using the given information.

# How to Use This Book 일러두기

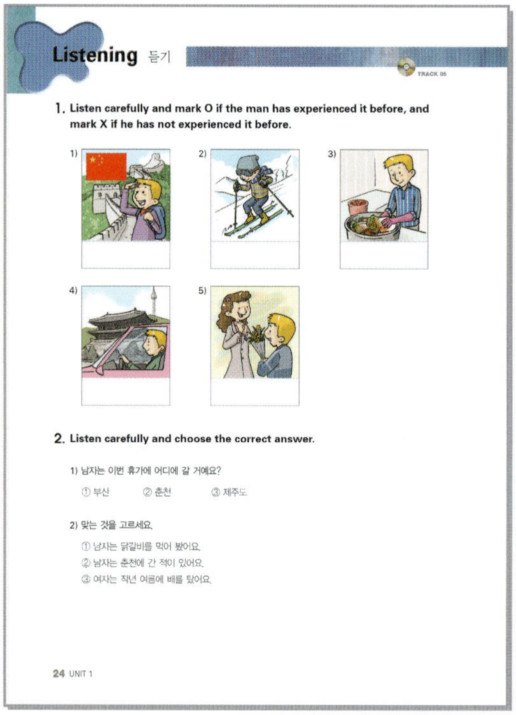


## Listening

This is a listening exercise covering grammar, vocabulary and expressions that are carried throughout each unit. The contents of listening materials in this section are using authentic language in a wide range of settings to help learners prepare for real-life listening tasks.

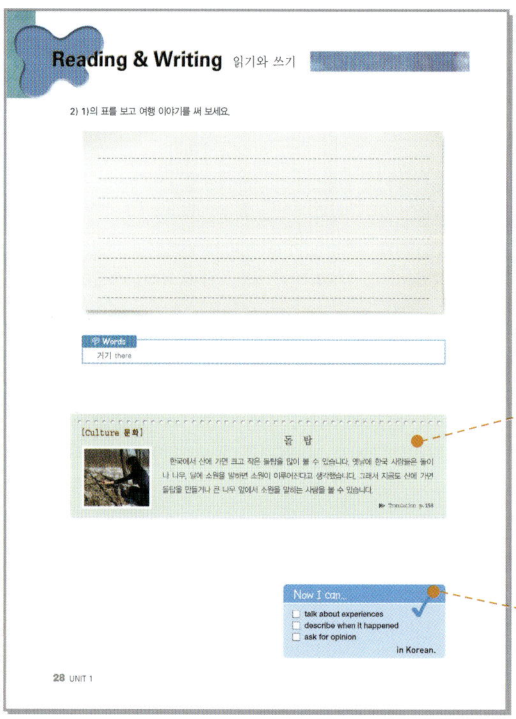


## Reading & Writing

This section provides various reading materials related to the topic of each unit and the practices to check what the learners have understood. Through integrated Korean language learning, learners have chances to structuralize the reading passages using various methods, and from this, they organize what they are going to write. The new vocabularies in 'Reading & Writing' are presented with their meanings in the box below.

**Culture**

This section introduces interesting Korean culture related to the topic of each unit. Using simple grammar structures, explanations are easy to understand for Korean language learners. English translations are also available at the back of the book.

**Now I can**

Each unit ends with the opportunity for learners to wrap up what they have learned and assess their achievement of learning objectives.

## Additional Expressions

Extended vocabulary words and expressions are presented with illustrations and photos. Although they are a little beyond the level of each unit, they are useful expressions for daily life.

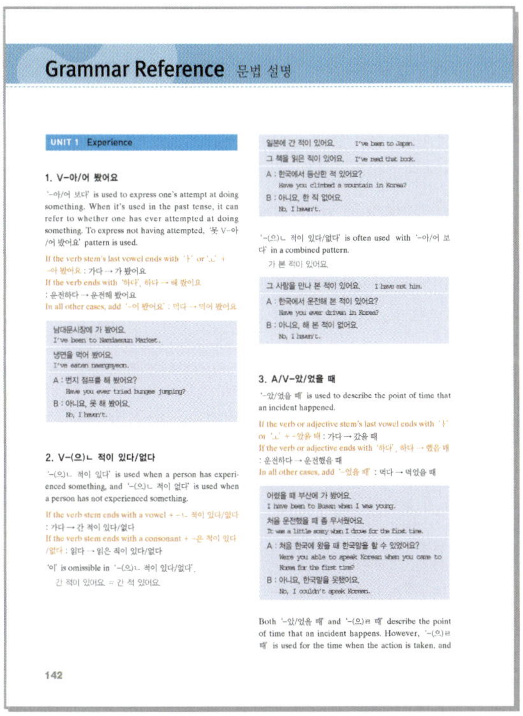
Grammar Reference 문법 설명

UNIT 1 Experience

1. V-아/어 봤어요

2. V-(으)ㄴ 적이 있다/없다

3. A/V-았/었을 때

142

## Grammar Reference

This section at the end of the book presents detailed explanations of 'Grammar Points' in each unit. Further explanations on grammar structures will be helpful for learners as well as instructors.

# How to Use This Book 일러두기

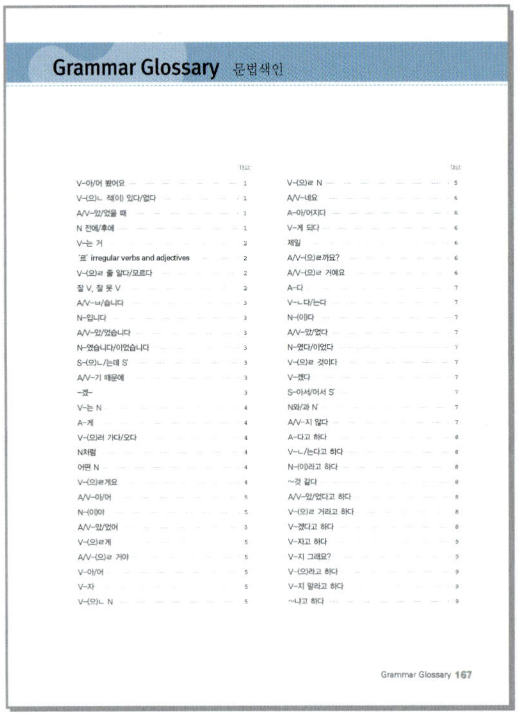
Grammar Glossary 문법색인

Grammar Glossary 167

## Grammar Glossary

The list of all the grammar points are presented here so the learners can easily look for an explanation of a certain grammar point.

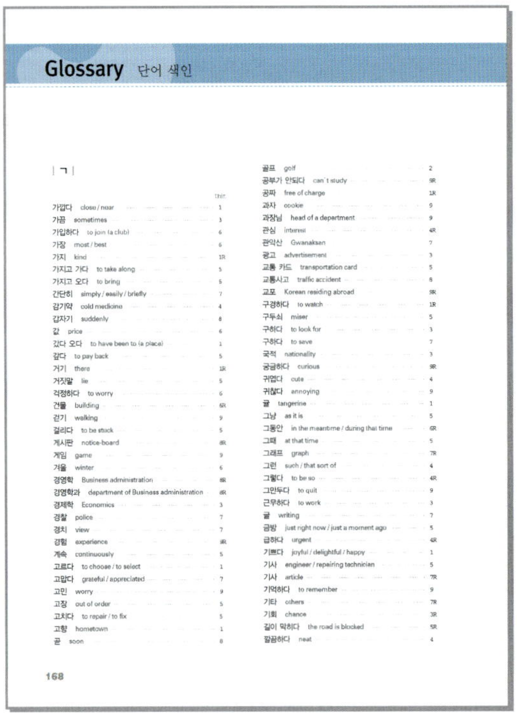
Glossary 단어 색인

168

## Glossary

It lists all the vocabulary words presented throughout the textbook and 'Grammar Reference' with the meanings, and indicates the unit where they first appear. 'R' next to the number of unit indicates that the word is first appeared in 'Reading & Writing'.

### Abbreviations in the book

| | | | |
|---|---|---|---|
| N | noun | A | adjective |
| V | verb | S | sentence |

# Contents 차례

# Scope and Sequence 교재 구성표

| Unit | Expressions 표현 | Vocabulary 어휘 | Grammar 문법 | Key Expressions 본문 |
|---|---|---|---|---|
| **Unit 1** Experience 경험 | • Expressions for discussing experience | • Famous places<br>• Counting words for days<br>• Food | • V-아/어 봤어요<br>• V-(으)ㄴ 적(이) 있다/없다<br>• A/V-았/었을 때<br>• N 전에/후에 | • Asking and answering about experiences (1), (2)<br>• Asking for a description or opinion |
| **Unit 2** Hobbies 취미 | • Expressions for discussing hobbies<br>• Expressions of preference<br>• Expressions for talking about what one can do | • Words related to hobbies | • V-는 거<br>• 'ㄹ' irregular verbs and adjectives<br>• V-(으)ㄹ 줄 알다/모르다<br>• 잘 V, 잘 못 V | • Asking and answering about hobbies<br>• Talking about what one can do (1), (2) |
| **Unit 3** Employment 취업 | • Expressions for interviews | • Words related to majors<br>• Words related to work | • A/V -ㅂ/습니다<br>• N-입니다<br>• A/V 았/었습니다<br>• N-였습니다/이었습니다<br>• S-(으)ㄴ/는데 S'<br>• A/V-기 때문에<br>• -겠- | • Having an interview (1), (2), (3) |
| **Unit 4** Fashion 유행 | • Expressions used at beauty salons<br>• Expressions for talking about what's in fashion | • Words related to beauty salon<br>• Words related to fashion | • V-는 N<br>• A-게<br>• V-(으)러 가다/오다<br>• N처럼<br>• 어떤 N<br>• V-(으)ㄹ게요 | • Expressing modification<br>• Giving the purpose of visit<br>• Talking about preferences |
| **Unit 5** Out of order 고장 | • Expressions related to breakdowns and repairs | • Words related to breakdowns and repairs<br>• Machines | • A/V-아/어<br>• N-(이)야<br>• A/V-았/었어<br>• V-(으)ㄹ게<br>• A/V-(으)ㄹ 거야<br>• V-아/어<br>• V-자<br>• V-(으)ㄴ N<br>• V-(으)ㄹ N | • Out of order (1), (2), (3) |

| Listening<br>듣기 | Reading & Writing<br>읽기와 쓰기 | Culture<br>문화 | Additional Expressions<br>추가 표현 |
|---|---|---|---|
| • Listening to someone talk about his/her experience<br>• Listening to a story of journey | • Reading about an interesting experience<br>• Reading about a journey<br>• Writing about a journey | • Stone tower | • Experience |
| • Listening for what one can do and what one cannot do<br>• Listening to people talk about their hobbies | • Reading a text about hobbies<br>• Reading a notice for club membership<br>• Writing a notice for club membership | • Taekwondo | • Expressions related to various hobbies |
| • Listening to people talk about getting a job<br>• Listening to an interview | • Reading an article on part-time jobs of office workers<br>• Reading a self-introduction letter<br>• Writing a self-introduction letter | • Why won't they eat miyeokguk (seaweed soup)? | • Resume |
| • Listening to people talk in a beauty salon<br>• Listening to people talk about what's in fashion | • Checking your sensitivity to fashion<br>• Reading a text from a web site for selling secondhand goods<br>• Writing an advertisement for selling secondhand goods | • Dongdaemun Market | • Expressions related to beauty salon |
| • Understanding the relationship between speakers<br>• Listening to descriptions of breakdown | • Reading a text message<br>• Reading a description of a breakdown<br>• Writing a description of a breakdown | • Let's do away with formality | • Out of order |

# Scope and Sequence 교재 구성표

| Unit | Expressions 표현 | Vocabulary 어휘 | Grammar 문법 | Key Expressions 본문 |
|---|---|---|---|---|
| **Unit 6** Change 변화 | • Expressions for discussing changes | • Words related to weather<br>• Words related to changes | • A/V-네요<br>• A-아/어지다<br>• V-게 되다<br>• 제일<br>• A/V-(으)ㄹ까요?<br>• A/V-(으)ㄹ 거예요 | • Describing changes (1), (2)<br>• Asking for opinions |
| **Unit 7** Information 정보 | • Objective description | • Words related to holidays<br>• Words related to movement | • A-다<br>• V-ㄴ다/는다<br>• N(이)다<br>• A/V-았/었다<br>• N-였다/이었다<br>• V-(으)ㄹ 것이다<br>• V-겠다<br>• S-아서/어서 S'<br>• N와/과 N'<br>• A/V-지 않다 | • Stating (1), (2), (3) |
| **Unit 8** True and False 진실과 거짓 | • Expressions for indirect speech<br>• Expressions for expressing guesses | • Words related to school life | • A-다고 하다<br>• V-ㄴ/는다고 하다<br>• N-(이)라고 하다<br>• ~것 같다<br>• A/V-았/었다고 하다<br>• V-(으)ㄹ 거라고 하다<br>• V-겠다고 하다 | • Indirect speech (1), (2)<br>• Expressing guesses |
| **Unit 9** Conflict and Worry 갈등과 고민 | • Expressions for discussing conflict and worry<br>• Expressions for suggestions | • Words related to conflict | • V-자고 하다<br>• V-지 그래요?<br>• V-(으)라고 하다<br>• V-지 말라고 하다<br>• ~냐고 하다 | • Indirect speech (3), (4), (5) |

| Listening<br>듣기 | Reading & Writing<br>읽기와 쓰기 | Culture<br>문화 | Additional Expressions<br>추가 표현 |
|---|---|---|---|
| • Listening for the changes in the past and present<br>• Listening to a story of life in Korea<br>• Listening for the changes after marriage | • Reading an e-mail<br>• Reading about the past and present state of Korea<br>• Writing about the future world | • Time capsule | • From the cradle to the grave |
| • Listening for the order of daily work<br>• Listening to an announcement<br>• Listening to a radio program | • Reading an article on newspaper and finding related pictures<br>• Reading a newspaper article<br>• Writing a newspaper article | • Holiday cuisine | • Newspaper |
| • Listening for reasons<br>• Listening to a voice message on the mobile phone | • Reading a notice on the notice-board and carrying the message.<br>• Reading an article about an interview<br>• Writing an article about an interview | • Is your mouth light or heavy? | • Carrying messages |
| • Listening to people talk about their worry and give advice<br>• Listening for the conflict and worry | • Reading a story about mistakes related to Korean language<br>• Reading an e-mail about someone's worry<br>• Writing an e-mail to give someone a solution | • Terms of address between husband and wife | • Expressions for seeking counseling or advice<br>• Expressions for empathy |

UNIT 1

# Experience
# 경험

**In This Unit**

- Talking about experiences 경험 표현하기
- Describing when it happened 어떤 일이 일어난 시간 표현하기
- Asking for opinion 의견 묻기

**Warm Up | 준비**

1. 이 사람들은 뭘 하고 있어요? 여러분도 전에 이런 일을 했어요?
2. 한국에서 뭘 하고 싶어요? 친구하고 같이 이야기하세요.

## Expressions 표 현

| | |
|---|---|
| 제주도에 가 봤어요? | Have you ever been to Jeju Island? |
| 애니 씨는요? | What about you, Annie? |
| 김치를 먹은 적이 있어요? | Have you ever eaten kimchi? |
| 일본으로 여행 갔다 왔어요. | I've just come back from a trip to Japan. |
| 날씨가 어땠어요? | How was the weather? |

## Vocabulary 어 휘

### Famous places

만리장성 the Great Wall
천안문 Tienanmen Gate
루브르 박물관 National Museum of Louvre
싱가포르 Singapore
춘천 Chuncheon

### Counting words for days

하루 one day
이틀 two days
사흘 three days
나흘 four days
닷새 five days
엿새 six days
이레 seven days
여드레 eight days
아흐레 nine days
열흘 ten days

### Food

귤 tangerine
스시 sushi
닭갈비 dakgalbi (chicken ribs)
돼지고기 pork

### Nouns

여러분 everybody / all of you
번지 점프 bungee jump
아르바이트 part-time job
온천 hot spring
꿈 dream
물건 thing / object
잡지 magazine
고향 hometown
상 prize / award
지갑 wallet
댁 house (honorific)
출장 business trip
여름 summer
이야기 story
체크인 check-in
식사 meal

### Verbs

입원하다 to go to hospital / to be hospitalized
꾸다 to dream (a dream)
잃어버리다 to lose
나오다 to appear
울다 to cry
돌아가다 to go back / to return
헤어지다 to part / to break up
돌아가시다 to pass away
떨어지다 to fail
갔다 오다 to have been to (a place)
고르다 to choose / to select
시키다 to order
등산하다 to climb a mountain
조심하다 to watch out / to be careful

### Adjectives

유명하다 famous
기쁘다 joyful / delightful / happy
즐겁다 enjoyable / merry
가깝다 close / near
짜다 salty
틀리다 wrong
어리다 young

### Others

이런 this kind of / such
–하고 (같이) with (a person)
꼭 by all means / in any case
처음 for the first time
혼자 alone

### Words that go together

꿈을 꾸다 to dream a dream

# Key Expressions 본문

## Asking and answering about experiences (1)

TRACK 02

**A** 재민 씨, 제주도에 가 봤어요?

**B** 네, 가 봤어요. 애니 씨는요?

**A** 저는 아직 못 가 봤어요.

**B** 그럼 꼭 가 보세요. 정말 좋아요.

**A** 그런데 제주도는 뭐가 유명해요?

**B** 한라산하고 귤이 유명해요.

**A** Jaemin, have you ever been to Jeju Island?

**B** Yes, I have. What about you, Annie?

**A** I haven't been there yet.

**B** You must visit there. It's really wonderful.

**A** By the way, what is Jeju Island famous for?

**B** Jeju Island is famous for Hallasan and tangerines.

### Check it

1. 애니 씨는 제주도에 두 번 갔어요.
   T   F

2. 제주도는 뭐가 유명해요?
   ① 사과   ② 산

Answer 1. F 2. ②

### Grammar Points

**V-아/어 봤어요**

'-아/어 보다' is used to express one's attempt at doing something. When it's used in the past tense, it can refer to whether one has ever attempted at doing something. To express not having attempted, '못 V-아/어 봤어요' pattern is used.

- verb stem's last vowels ending with 'ㅏ' or 'ㅗ' + -아 봤어요 : 가다 → 가 봤어요
- verbs ending with '하다', 하다 → 해 봤어요 : 운전하다 → 운전해 봤어요
- In all other cases, add '-어 봤어요' : 먹다 → 먹어 봤어요

▶ Grammar Reference p.142

### Notes

'N은/는요?' means 'What about N?' and is used to ask the same question for other cases.

애니 씨는요?
선생님은요?

## Practice

**1** Ask and answer the questions about experiences below.

냉면을 먹다

번지 점프를 하다

한복을 입다

서울에서 운전하다

유명한 사람하고 이야기하다

한국에서 아르바이트를 하다

**2** Practice the conversation with your partner.

**A** 제주도에 가 봤어요?

**B** 네, 가 봤어요. 애니 씨는요?

**A** 저는 아직 못 가 봤어요.

**B** 그럼 꼭 가 보세요. 정말 좋아요.

**A** 그런데 제주도는 뭐가 유명해요?

**B** 한라산하고 귤이 유명해요.

1) 제 주 도

한라산

귤

2) 베 이 징

만리장성

천안문

3) 도 쿄

온천

스시

4) 파 리

에펠탑

루브르 박물관

# Key Expressions 본문

## Asking and answering about experiences (2)

TRACK 03

**A** 마이클 씨, 김치 먹어 봤어요?

**B** 그럼요. 먹어 봤어요.

**A** 미국에서도 김치를 먹은 적이 있어요?

**B** 아니요, 미국에서는 먹은 적이 없어요.
작년에 한국에 왔을 때 처음 먹어 봤어요.

**A** Michael, have you ever eaten kimchi?

**B** Sure. I have.

**A** Have you eaten kimchi in the States, too?

**B** No, I haven't eaten kimchi in the States.
I ate kimchi for the first time when I came to Korea last year.

### Check it

1. 마이클 씨는 김치를 안 먹어요.
   T F
2. 마이클 씨는 미국에서 김치를 처음 먹었어요.
   T F

Answer 1. F 2. F

### Grammar Points

#### V-(으)ㄴ 적(이) 있다/없다

'-(으)ㄴ 적이 있다' is used when a person has experienced something, and '-(으)ㄴ 적이 없다' is used when a person has not experienced something.

- verb stems ending with a vowel + -ㄴ 적이 있다/없다 : 가다 → 간 적이 있다/없다
- verb stems ending with a consonant + -은 적이 있다/없다 : 읽다 → 읽은 적이 있다/없다

'이' is omissible in '-(으)ㄴ 적이 있다/없다'.
간 적이 있어요. = 간 적 있어요.

'-(으)ㄴ 적이 있다/없다' is often used with '-아/어 보다' in a combined pattern.
가 본 적이 있어요.

▶ Grammar Reference p.142

#### A/V-았/었을 때

'-았/었을 때' is used to describe the point of time that an incident happened.

- verb or adjective stem's last vowels ending with 'ㅏ' or 'ㅗ' + -았을 때 : 가다 → 갔을 때
- verbs or adjectives ending with '하다', 하다 → 했을 때 : 운전하다 → 운전했을 때
- In all other cases, add '-었을 때' : 먹다 → 먹었을 때

▶ Grammar Reference p.142

## Practice

**1** Ask and answer the questions about experiences below.

제주도에 간 적이 있어요?

제주도에 가다

네, 제주도에 간 적이 있어요.

아니요, 제주도에 간 적이 없어요.

병원에 입원하다 | 한국어로 꿈을 꾸다 | 비싼 물건을 잃어버리다 | 신문이나 잡지에 나오다 | 유명한 사람을 만나다

**2** Answer the questions using the expressions in the box.

1) 언제 기뻤어요?
2) 언제 너무 피곤했어요?
3) 언제 술을 많이 마셨어요?
4) 언제 많이 울었어요?
5) 언제 고향에 돌아가고 싶었어요?

언제 기뻤어요?

상을 받았을 때 기뻤어요.

| | | | |
|---|---|---|---|
| • 상을 받다 | • 가족이 보고 싶다 | • 여자/남자 친구하고 헤어지다 | • 슬픈 영화를 보다 |
| • 할아버지가 돌아가시다 | • 다리를 다치다 | • 시험에서 떨어지다 | • 산에 가다 |
| • 지갑을 잃어버리다 | • 아프다 | • 시험이 끝나다 | • 고향 친구를 만나다 |

**3** Practice the conversation with your partner.

**A** 김치 먹어 봤어요?

**B** 그럼요.

**A** 고향에서도 김치를 먹은 적이 있어요?

**B** 아니요, 고향에서는 먹은 적이 없어요.
작년에 한국에 왔을 때 처음 먹어 봤어요.

1) 김치를 먹다 / 한국에 오다

2) 번지 점프를 하다 / 호주에 가다

3) 한복을 입다 / 한국 친구 집에 가다

4) 한국 사람 집에 가다 / 선생님 댁에서 파티 하다

# Key Expressions 본문

## Asking for a description or opinion

TRACK 04

**A** 재민 씨, 일본에 가 봤어요?

**B** 네, 열흘 전에 일본으로 여행 갔다 왔어요.

**A** 일본에 갔을 때 날씨가 어땠어요?

**B** 아주 좋았어요. 그런데 왜요?

**A** 저도 일주일 후에 일본에 여행 가요.

**A** Jaemin, have you ever been to Japan?

**B** Yes, I came back from a trip to Japan ten days ago.

**A** How was the weather on your trip in Japan?

**B** Very good. By the way, why?

**A** I go on a trip to Japan after a week.

### Check it

1. 재민 씨는 일본에 간 적이 있어요.
   T F
2. 여자는 일본에 여행을 갈 거예요.
   T F

Answer 1. T 2. T

### Grammar Points

**N 전에/후에**

'전에' means 'ago' used with the words expressing the time, and '후에' means 'after (the time)'.

일주일 전에 한국에 왔어요.
한 달 후에 고향에 돌아갈 거예요.

▶ Grammar Reference p.143

### Notes

Besides '1일, 2일, 3일, 4일…', the following words are also used to count days.

| 1일 | 2일 | 3일 | 4일 | 5일 | 6일 | 7일 | 8일 | 9일 | 10일 |
|---|---|---|---|---|---|---|---|---|---|
| 하루 | 이틀 | 사흘 | 나흘 | 닷새 | 엿새 | 이레 | 여드레 | 아흐레 | 열흘 |

'N이/가 어땠어요?' is used to ask the feeling of past experience meaning 'How was N?'.

여행이 어땠어요?

To answer the question, the following expressions are usually used.

아주 좋았어요. It was very good.
괜찮았어요. It was OK.
그저 그랬어요. It was so-so.

'N에 갔다 오다' means 'to go to N and come back'.

## Practice

1 Look at the calender. Ask and answer the questions about when you did it or when you are going to do it using '전에' or '후에'.

2 Practice the conversation with your partner.

**A** 일본에 가 봤어요?

**B** 네, 한 달 전에 갔다 왔어요.

**A** 날씨가 어땠어요?

**B** 아주 좋았어요. 그런데 왜요?

**A** 저도 일주일 후에 일본에 여행 가요.

| 1) | 2) | 3) | 4) |
|---|---|---|---|
| 일본 | 부산 | 인도 | 싱가포르 |
| 한 달 | 사흘 | 두 달 | 세 달 |
| 날씨 | 호텔 | 음식 | 여행 |
| 아주 좋다 | 괜찮다 | 아주 맛있다 | 즐겁다 |
| 일주일 / 일본 | 이 주일 / 부산 | 한 달 / 인도 | 이틀 / 싱가포르 |

# Listening 듣기

TRACK 05

**1. Listen carefully and mark O if the man has experienced it before, and mark X if he has not experienced it before.**

1) 

2) 

3) 

4) 

5) 

**2. Listen carefully and choose the correct answer.**

1) 남자는 이번 휴가에 어디에 갈 거예요?

① 부산　　② 춘천　　③ 제주도

2) 맞는 것을 고르세요.

① 남자는 닭갈비를 먹어 봤어요.
② 남자는 춘천에 간 적이 있어요.
③ 여자는 작년 여름에 배를 탔어요.

## 3. Misako is talking about her journey. Listen to Misako and fill in the blanks.

| 언제 여행을 갔어요? | |
|---|---|
| 어디에 여행을 갔어요? | |
| 누구하고 같이 갔어요? | |

## 4. Misako's story goes on. Listen to Misako again and answer the questions.

1) 미사코 씨는 어디에 갔어요? 써 보세요.

공항 → ( 호텔 ) → ①(　　　　) → ②(　　　　)

2) 맞으면 O, 틀리면 X 하세요.

① 미사코 씨는 저녁에 공항에 도착했어요. (　　)

② 미사코 씨는 이번 여행에서 독일 음식을 처음 먹어 봤어요. (　　)

③ 미사코 씨는 시내에서 일본 사람을 못 봤어요. (　　)

**Answer**

1\. 1) O 2) O 3) X 4) X 5) X

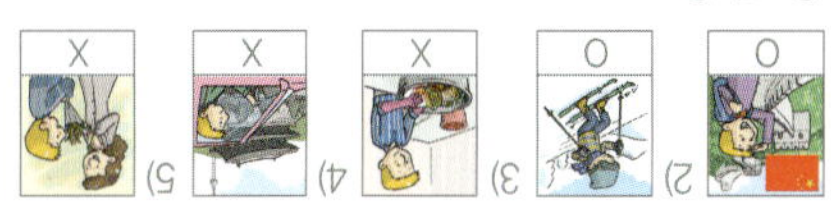

2\. 1) ② 2) ③

3\.

| 언제 여행을 갔어요? | 저번 여름 |
|---|---|
| 어디에 여행을 갔어요? | 독일 |
| 누구하고 같이 갔어요? | 혼자 |

4\. 1) ① 시청 ② 시내 2) ① O ② O ③ X

# Reading & Writing 읽기와 쓰기

**1. Chris has had an interesting experience in Korea. Read and mark O if it is true, mark X if it is false.**

한국에서 처음 식당에 갔을 때 재미있는 일이 있었어요. 저는 식당에서 비빔밥을 시켰어요. 그런데 아주머니가 비빔밥하고 여러 가지 반찬을 저에게 주셨어요. 저는 반찬을 먹고 싶었지만 돈이 많이 없어서 반찬을 안 먹었어요. 비빔밥을 다 먹었을 때 아주머니가 "왜 반찬을 안 먹었어요? 반찬을 안 좋아해요?" 하고 말했어요. 저는 "돈이 많이 없어요." 하고 말했어요. 아주머니가 웃었어요. 그리고 "반찬은 모두 공짜예요." 하고 말했어요. 지금은 식당에 가면 항상 아주머니에게 "반찬 더 주세요." 하고 말해요.

1) 크리스 씨는 한국에서 처음 식당에 갔을 때 비빔밥을 시켰어요. (    )
2) 크리스 씨는 돈이 없어서 비빔밥을 못 먹었어요. (    )
3) 크리스 씨는 요즘도 식당에 가면 반찬을 안 먹어요. (    )

**Words**

| | | |
|---|---|---|
| 아주머니 ma'am / middle-aged lady | 여러 many / various | 가지 kind |
| 반찬 side dish | 다 all | 웃다 to laugh |
| 공짜 free of charge | | |

**2. Annie has been to Maisan. Read the following.**

지난 주말에 저는 한국 친구하고 같이 마이산에 갔다 왔어요. 우리는 서울에서 아침 6시쯤 출발해서 4시간 후에 마이산 앞에 도착했어요. 단풍이 아주 아름다웠어요. 우리는 단풍을 구경하고 사진을 많이 찍었어요.

마이산에는 큰 절이 있었어요. 그 절 앞에는 높은 돌탑이 많이 있었어요. 그런데 바람이 많이 불었지만 돌탑이 안 무너져서 정말 신기했어요. 사람들이 높은 돌탑 옆에서 작은 돌탑을 만들고 있었어요. 제 친구가 "애니 씨도 소원이 있으면 돌탑을 만들고 소원을 말하세요."하고 말했어요. 저는 작은 돌 하나를 돌탑 위에 놓고 "한국어를 잘하고 싶어요."하고 소원을 말했어요. 그리고 우리는 산 위로 갔어요. 날씨가 좋아서 산 아래의 호수를 볼 수 있었어요. 정말 아름다웠어요.

1) 맞으면 O, 틀리면 X 하세요.

① 애니 씨는 저녁에 마이산에 도착했어요. (　　　)
② 바람이 불었지만 돌탑은 안 무너졌어요. (　　　)
③ 애니 씨는 호수에 갔어요. (　　　)

2) 다음 표에 써 보세요.

| 어디에 갔어요? | | 뭘 구경했어요? | 어땠어요? |
|---|---|---|---|
| 마이산 | 산 앞 | 단풍을 구경했어요. | 아름다웠어요. |
| | | ⬇ | |
| | 절 앞 | | |
| | | ⬇ | |
| | 산 위 | | |

**Words**

마이산 Maisan
구경하다 to watch
바람이 불다 wind blows
소원 wish
놓다 to put
단풍 tinted autumn leaves
절 temple
무너지다 to crumble
돌 stone
호수 lake
아름답다 beautiful
돌탑 stone tower
신기하다 marvelous / wondrous
표 table / chart

## 3. Do the writing activities below using the previous excercise number 2 as a model.

1) 여러분은 어디에 가 봤어요? 거기에서 뭘 했어요? 다음 표에 써 보세요.

| 어디에 갔어요? | | 뭘 구경했어요? | 어땠어요? |
|---|---|---|---|
| | | | |
| | | ⬇ | |
| | | | |
| | | ⬇ | |
| | | | |

Answer 1. 1) O 2) X 3) X 2. 1) ① X ② O ③ X

# Reading & Writing 읽기와 쓰기

2) 1)의 표를 보고 여행 이야기를 써 보세요.

**Words**

거기 there

[Culture 문화]

## 돌 탑

한국에서 산에 가면 크고 작은 돌탑을 많이 볼 수 있습니다. 옛날에 한국 사람들은 돌이나 나무, 달에 소원을 말하면 소원이 이루어진다고 생각했습니다. 그래서 지금도 산에 가면 돌탑을 만들거나 큰 나무 앞에서 소원을 말하는 사람을 볼 수 있습니다.

Translation p.158

**Now I can...**

- ☐ talk about experiences
- ☐ describe when it happened
- ☐ ask for opinion

in Korean.

# Additional Expressions 추가 표현

## Experience

UNIT 2

# Hobbies
# 취미

**In This Unit**

- Talking about hobbies 취미 이야기하기
- Talking about what one can do 능력 표현하기
- Changing a verb to a noun form 동사의 명사형 만들기

**Warm Up | 준비**

1. 이 사람들은 뭘 하고 있어요?
2. 여러분은 시간이 있으면 뭘 해요?

## Expressions 표 현

| | |
|---|---|
| 취미가 뭐예요? | What is your hobby? |
| 요리하는 게 취미예요. | My hobby is cooking. |
| 스시를 만들 줄 알아요. | I know how to make sushi. |
| 음악 듣는 거 좋아해요. | I like listening to music. |
| 별로 안 어려워요. | It's not very difficult. |
| 아직 잘 못 타요. | I can't ride it very well yet. |

## Vocabulary 어 휘

### Nouns

취미 hobby
음악회 music concert
컴퓨터 게임 computer game
요요 yo-yo
넥타이 tie
바이올린 violin
발레 ballet
살사 salsa
댄스 dance
뜨개질 knitting
목도리 muffler / scarf
설악산 Seoraksan
독서 reading
역사책 history book
골프 golf
춤 dance

### Verbs

싫어하다 to dislike
쇼핑하다 to shop
요리하다 to cook
자르다 to cut
부르다 to sing
매다 to tie
켜다 to play (the violin)
추다 to dance
뜨다 to do knitting

### Others

별로 not very / not much
빠르다 fast

### Words that go together

컴퓨터 게임을 하다 to play a computer game
바이올린을 켜다 to play the violin
춤을 추다 to dance

# Key Expressions 본문

## Asking and answering about hobbies

TRACK 06

**A** 애니 씨, 이번 주말에 같이 테니스 칠까요?

**B** 저는 운동하는 거 별로 안 좋아해요.

**A** 그럼 애니 씨는 취미가 뭐예요?

**B** 저는 음악 듣는 거 좋아해요.

**A** 그럼 이번 주말에 같이 음악회에 갈까요?

**B** 네. 좋아요.

**A** Annie, would you like to play tennis with me this weekend?

**B** I don't like to excercise very much.

**A** Then, what is your hobby?

**B** I like listening to music.

**A** Then, would you like to go to a concert with me this weekend?

**B** Yes, that's good.

### Check it

1. 애니 씨는 뭘 좋아해요?

①  ② 

2. 애니 씨는 주말에 음악회에 갈 거예요.

T F

Answer 1. ② 2. T

### Grammar Points

**V-는 거**

'-는 거' is attached to a verb stem and changes the verb to a noun form.

보다 → 보는 거
먹다 → 먹는 거

▶▶ Grammar Reference p.143

### Notes

Sometimes "싫어해요." could be too forthright to say, so a roundabout way of saying such as "별로 안 좋아해요." would be better to use. Don't forget to remember that '별로' should be followed by negative words such as '안' or '못'.

To ask someone what his/her hobby is, simply say "취미가 뭐예요?" To answer this question, patterns like 'V-는 거 좋아해요' or '제 취미는 N-이에요/예요' can be used. 'N-이에요/예요' could be a good and simple answer to the question, too.

## Practice

**1** Ask and answer about each picture as shown in the example.

취미가 뭐예요?

등산하다

저는 등산하는 거 좋아해요.

1) 

테니스 치다

2) 

컴퓨터 게임 하다

3) 

책을 읽다

4) 

여행하다

**2** Practice the conversation with your partner.

**A** 애니 씨, 이번 주말에 같이 테니스 칠까요?

**B** 저는 운동하는 거 별로 안 좋아해요.

**A** 그럼 애니 씨는 취미가 뭐예요?

**B** 저는 음악 듣는 거 좋아해요.

**A** 그럼 이번 주말에 같이 음악회에 갈까요?

**B** 네. 좋아요.

| 1) | 2) | 3) | 4) |
|---|---|---|---|
| 테니스 치다 | 등산하다 | 극장에 가다 | 스키장에 가다 |
| 운동하다 | 산에 가다 | 영화 보다 | 스키 타다 |
| 음악 듣다 | 쇼핑하다 | 수영하다 | 책을 읽다 |
| 음악회 | 동대문시장 | 수영장 | 도서관 |

Answer 1 1) 테니스 치는 거 좋아해요 2) 컴퓨터 게임 하는 거 좋아해요 3) 책을 읽는 거 좋아해요 4) 여행하는 거 좋아해요

# Key Expressions 본문

## Talking about what one can do (1)

TRACK 07

**A** 다나카 씨는 취미가 뭐예요?

**B** 저는 요리가 취미예요.

**A** 그럼 스시 만들 줄 알아요?

**B** 그럼요. 만들 줄 알아요.

**A** 그래요? 저는 일본 음식 먹는 거는 좋아하지만 만들 줄은 몰라요.

**B** 별로 안 어려워요. 다음에 같이 한번 만들어 봐요.

**A** What is your hobby, Tanaka?

**B** My hobby is cooking.

**A** Then, do you know how to make sushi?

**B** Of course. I know.

**A** Really? I like to eat Japanese food, but I don't know how to make it.

**B** It's not that difficult. Let's make it together sometime.

### Check it

1. 다나카 씨의 취미는 요리예요.
   T F
2. 다나카 씨는 스시를 못 만들어요.
   T F

Answer 1. T 2. F

### Grammar Points

**'ㄹ' irregular verbs and adjectives**

When the verb or adjective stem ends with 'ㄹ' and is followed by '-아/어', 'ㅡ' is deleted. At the same time, the remaining 'ㄹ' becomes part of the following syllable, and another 'ㄹ' is added to it. As a result, '-아/어' changes into '-라/러' as stated below.

모르다 + -아요 → 몰라요
부르다 + -어요 → 불러요

▶ Grammar Reference p.143

**V-(으)ㄹ 줄 알다/모르다**

'-(으)ㄹ 줄 알다/모르다' denotes whether the subject knows how to do something or not, or whether the subject has the ability to do something or not.

· verb stems ending with a vowel + -ㄹ 줄 알아요 : 쓰다 → 쓸 줄 알아요
· verb stems ending with a consonant + -을 줄 알아요 : 입다 → 입을 줄 알아요

'-(으)ㄹ 줄 모르다' is the negative form of '-(으)ㄹ 줄 알다'.

▶ Grammar Reference p.144

## Practice

**1** Fill in the blank with the correct form of the word.

| | -아요/어요 | -았/었어요 | -고 | -(으)니까 | -아서/어서 |
|---|---|---|---|---|---|
| 모르다 | 1) | 몰랐어요 | 2) | 3) | 4) |
| 자르다 | 잘라요 | 5) | 6) | 자르니까 | 7) |
| 부르다 | 8) | 9) | 부르고 | 10) | 11) |
| 빠르다 | 12) | 13) | 14) | 15) | 빨라서 |

**2** Talk about each picture with your partner using '-(으)ㄹ 줄 알다/모르다'.

요요를 할 줄 알아요?

요요를 하다

네, 할 줄 알아요.

아니요, 할 줄 몰라요.

넥타이를 매다

스키를 타다

운전하다

바이올린을 켜다

발레를 하다

**3** Practice the conversation with your partner.

**A** 취미가 뭐예요?

**B** 저는 요리하는 거 좋아해요.

**A** 그럼 스시 만들 줄 알아요?

**B** 그럼요. 만들 줄 알아요.

**A** 그래요? 저는 만들 줄 몰라요.

**B** 그럼 다음에 한번 배워 보세요.

별로 안 어려워요.

1) 요리하다 / 스시 만들다

2) 운동하다 / 태권도 하다

3) 춤추다 / 살사 댄스 추다

4) 뜨개질 하다 / 목도리를 뜨다

Answer 1 1) 몰라요 2) 모르고 3) 모르니까 4) 몰라서 5) 잘랐어요 6) 자르고 7) 잘라서 8) 불러요 9) 불렀어요 10) 부르니까 11) 불러서 12) 빨라요 13) 빨랐어요 14) 빠르고 15) 빠르니까

# Key Expressions 본문

## Talking about what one can do (2)

TRACK 08

**A** 재민 씨, 스키 잘 타요?

**B** 네. 저는 스키 타는 게 취미예요.

**A** 언제 처음 스키를 배웠어요?

**B** 10년 전에 배웠어요. 애니 씨는요?

**A** 저는 1년 전부터 배웠어요.
그런데 아직 잘 못 타요.

**A** Jaemin, do you ski well?

**B** Yes. My hobby is to ski.

**A** When did you first learn how to ski?

**B** I learned how to ski ten years ago. What about you, Annie?

**A** I've learned how to ski since last year, but I can't ski well yet.

### Check it

1. 재민 씨의 취미는 스키예요.
   T F

2. 10년 전에 처음 스키를 배웠어요.
   T F

Answer 1. T 2. F

### Grammar Points

**잘 V, 잘 못 V**

To express one is very good at something, '잘 V' is used, and to express one is not very good at something, '잘 못 V' is used.

저는 한국 음식을 잘 만들어요.
저는 수영을 잘 못해요.

▶ Grammar Reference p.144

### Notes

'V–는 게' is a colloquial expression of 'V–는 것이'.

스키 타는 것이 → 스키 타는 게

나는 음악 듣는 게 취미예요.

## Practice

**1** Ask and answer about each picture as shown in the example.

피아노를 잘 쳐요?

피아노를 치다

네, 잘 쳐요.

아니요, 잘 못 쳐요.

아니요, 못 쳐요.

음식을 만들다

자전거를 타다

태권도를 하다

스키를 타다

**2** Practice the conversation with your partner.

**A** 스키 잘 타요?

**B** 네. 저는 스키 타는 게 취미예요.

**A** 언제 처음 스키를 배웠어요?

**B** 10년 전에 배웠어요.

**A** 그래요? 저는 1년 전부터 배웠어요. 그런데 아직 잘 못 타요.

1) 스키 타다 2) 기타 치다 3) 태권도 하다 4) 피아노 치다

[Culture 문화]

### 태권도

태권도는 오랜 역사와 전통을 지닌 운동입니다. 태권도는 1988년 서울 올림픽에서 시범 종목이 되었고, 2000년 시드니 올림픽에서는 정식 종목으로 채택되어 더욱 유명해졌습니다. 태권도를 할 때에는 도복을 입고 허리에 띠를 매는데 이 띠의 색깔을 보면 태권도의 실력을 알 수 있습니다. 태권도를 처음 배우는 사람은 흰 띠를 매고, 그 후 노랑, 파랑, 빨강으로 올라가서, 가장 잘하는 사람은 검은 띠를 매게 됩니다.

▶▶ Translation p.158

# Listening 듣기

TRACK 09

**1. Listen carefully and mark O if the man knows how to do it, and mark X if he doesn't know how to do it.**

1) 

2) 

3) 

4) 

5) 

**2. Listen carefully and match each number with the correct picture.**

1) •

2) •

3) •

4) •

① 

② 

③ 

④ 

⑤ 

## 3. Listen to the conversation and choose the correct answer.

1) 애니 씨와 재민 씨는 지금 뭘 하고 있어요?

① 
② 
③ 

2) 맞는 것을 고르세요.

① 두 사람의 취미는 같아요.
② 애니 씨는 태권도를 배울 거예요.
③ 재민 씨하고 애니 씨는 설악산에 갈 거예요.

## 4. Listen to the conversation and choose the correct answer.

1) 여자는 오늘 저녁에 뭘 할 거예요?

① 
② 
③ 

2) 여자는 언제부터 골프를 배웠어요?

① 일주일 전부터　　② 한 달 전부터　　③ 오 년 전부터

3) 맞는 것을 고르세요.

① 남자는 골프를 잘 쳐요.
② 남자는 여자와 같이 골프를 배울 거예요.
③ 남자는 여자에게 골프를 가르쳐 줄 거예요.

**Answer** **1.** 1) O 2) X 3) O 4) X 5) X **2.** 1) ① 2) ⑤ 3) ② 4) ④ **3.** 1) ① 2) ② **4.** 1) ② 2) ① 3) ②

# Reading & Writing 읽기와 쓰기

## 1. Read and answer the questions.

요즘 제 취미는 사진을 찍는 거예요. 저는 작년 생일에 디지털 카메라를 선물로 받았어요. 아버지가 선물해 주셨어요. 저는 처음에는 디지털 카메라를 사용할 줄 몰랐지만 지금은 잘할 수 있어요. 카메라가 있으면 제가 찍고 싶은 것을 다 찍을 수 있어요. 친구, 내 방, 꽃, ……. 그렇지만 저는 제 모습을 찍는 것을 더 좋아해요. 맛있는 음식을 먹을 때, 기분이 좋을 때, 화가 날 때, 슬플 때 여러 가지 제 모습을 찍고 나중에 보면 정말 재미있어요.

1) 이 글의 제목을 고르세요.

① 나의 생일　　② 나의 기분　　③ 나의 취미

2) 누가 디지털 카메라를 선물해 줬어요?

① 아버지　　② 어머니　　③ 친구

3) 글의 내용과 맞는 것을 고르세요.

① 화가 날 때는 사진을 안 찍어요.

② 이 사람은 카메라를 사용할 줄 몰라요.

③ 친구 모습보다 내 모습을 찍는 것을 더 좋아해요.

**Words**

디지털 카메라 digital camera
화가 나다 to be angered
선물하다 to give (as a gift)
나중에 after / afterwards / later on
모습 appearance / figure
제목 title / topic / subject

## 2. Read and answer the questions.

### 그림 사랑

그림 보는 것을 좋아하세요? 그림 그리는 것을 좋아하세요? '그림 사랑'에 오시면 좋은 그림도 보고, 그림 그리는 것도 배울 수 있어요.

매주 수요일에는 교실에서 그림 그리는 것을 배우고, 한 달에 두 번은 밖에서 아름다운 자연을 그려요. 그리고 1년에 한 번 전시회도 해요. 그림으로 여러분의 마음을 표현해 보세요.

- 어디 : 서울빌딩 3층
- 언제 : 매주 수요일 (14:00~16:00)
- 얼마 : 한 달에 30,000원
- 전화 : 02-880-5488

1) 여기에서는 무엇을 배워요?

2) 어디에서 배워요?

3) 언제 배워요?

4) 돈을 얼마 내야 돼요?

**Words**

| | | |
|---|---|---|
| 매주 every week | 자연 nature | 전시회 exhibition |
| 마음 mind | 표현하다 to express | |

**Answer** 1. 1) ③ 2) ① 3) ③ 2. 1) 그림 그리는 것 2) 서울빌딩 3층 3) 매주 수요일 (14:00~16:00) 4) 한 달에 30,000원

# Reading & Writing 읽기와 쓰기

**3.** **Do the writing activities below using the previous excercise number 2 as a model.**

1) 친구들하고 같이 취미 교실을 만들어 보세요.

| 무엇을 배워요? | |
|---|---|
| 어디에서 배워요? | |
| 언제 배워요? | |
| 돈을 얼마 내야 돼요? | |

2) 아래에 여러분의 취미 교실 안내문을 만들어 보세요.

■ 어디 :

■ 언제 :

■ 얼마 :

■ 전화 :

**Words**

안내문 notice

**Now I can...**

- ☐ talk about hobbies
- ☐ talk about whether one knows how to do something or not
- ☐ change a verb to a noun form

in Korean.

# Additional Expressions 추가 표현

## Expressions related to various hobbies

UNIT 3

# Employment
# 취업

**In This Unit**

- Having an interview 인터뷰하기
- Speaking in formal style of speech 격식체로 표현하기
- Giving reasons 이유 표현하기
- Giving background information 배경 제시하기
- Talking about one's will 의지 표현하기

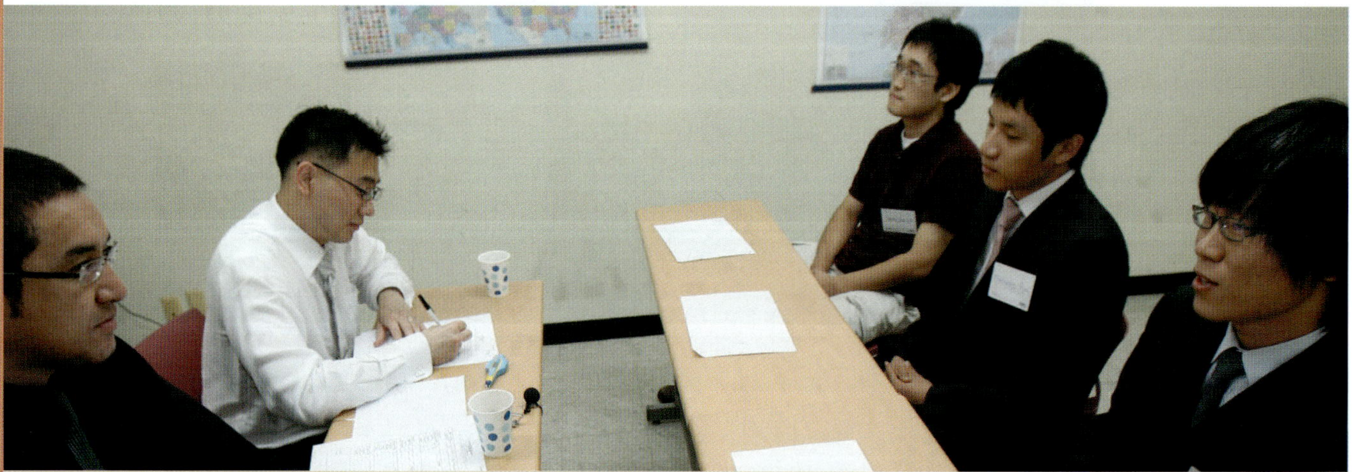

**Warm Up | 준비**

1. 위 사진의 사람들은 지금 뭘 하고 있어요?
2. 여러분은 이런 일을 해 본 적이 있어요?
3. 인터뷰할 때 어떤 이야기를 해요?

## Expressions 표 현

| | |
|---|---|
| 안녕하십니까? | Hello. / How are you? |
| 저는 마이클 존슨이라고 합니다. | I'm Michael Johnson. |
| 저는 컴퓨터 그래픽을 전공했습니다. | I majored in Computer graphics. |
| 안녕히 계십시오. | Good bye. |

## Vocabulary 어 휘

### Words related to majors

전공 major

컴퓨터 그래픽 Computer graphics

경제학 Economics

한국어 교육 Education of Korean language

연극 play

### Words related to work

인터뷰하다 to interview

근무하다 to work

출근하다 to go to work

회의 meeting

야근 night duty

구하다 to look for

지원하다 to apply

월급 monthly salary

### Nouns

이쪽 this way

어느 which

나라 country

국적 nationality

연락 contact

연구소 institute

지방 province / local district

새해 new year

학원 private academy

이력서 resume

광고 advertisement

자기소개 self introduction

### Verbs

드리다 to give (honorific)

끊다 to cut off / to quit

살다 to live

내다 to turn in

### Others

가끔 sometimes

전혀 never

일찍 early

열심히 hard

### Words that go together

출장을 가다 to go on a business trip

연락을 드리다 to contact

담배를 끊다 to quit smoking

# Key Expressions 본문

## Having an interview (1)

TRACK 10

**A** 안녕하십니까? 저는 마이클 존슨이라고 합니다.

**B** 네. 이쪽으로 앉으세요.

존슨 씨는 어느 나라 사람입니까?

**A** 저는 미국 사람입니다.

**B** 전공이 무엇입니까?

**A** 저는 컴퓨터 그래픽을 전공했습니다.

**A** Hello. I'm Michael Johnson.

**B** Well, have a seat here, please. Where are you from, Mr. Johnson?

**A** I'm from the States.

**B** What is your major?

**A** I majored in Computer graphics.

### Check it

1. 마이클 존슨 씨는 미국에서 왔어요.
   [T] [F]
2. 마이클 존슨 씨는 컴퓨터 그래픽을 공부할 거예요.
   [T] [F]

Answer 1. [T] 2. [F]

### Grammar Points

**A/V-ㅂ/습니다, N-입니다, A/V-았/었습니다, N-였습니다/이었습니다**

In the formal situations such as interviews, news, and public announcement, the formal style of speech is used as stated below.

For the present tense, 'A/V-ㅂ/습니다', 'N-입니다' are used.

A/V-ㅂ/습니다
- verb or adjective stems ending with a vowel + -ㅂ니다 : 가다 → 갑니다
- verb or adjective stems ending with a consonant + -습니다 : 먹다 → 먹습니다

N-입니다 : 의사 + -입니다 → 의사입니다 / 학생 + -입니다 → 학생입니다

For the past tense, 'A/V-았/었습니다', 'N-였습니다/이었습니다' are used.

A/V-았/었습니다 : 가다 → 갔습니다 / 먹다 → 먹었습니다 / 하다 → 했습니다
N-였습니다/이었습니다 : 학교 → 학교였습니다 / 월요일 → 월요일이었습니다

To change a formal statement to a question, replace '-다' with '-까?' as '-ㅂ/습니까?' and '-입니까?'.

▶ Grammar Reference p.144

### Notes

To introduce yourself, both '이름 + -입니다' and '이름 + -(이)라고 합니다' can be used.

In the formal style of speech, '무엇' is usually used instead of '뭐'.

'어느' is used when you ask about a thing among a limited range of choice.

## Practice

**1** Change the form of following words as shown in the example.

가요 → 갑니다

1) 와요 → ________
2) 먹어요 → ________
3) 좋아요 → ________
4) 맛있어요 → ________
5) 들어요 → ________
6) 만들어요 → ________
7) 나빠요 → ________
8) 더워요 → ________
9) 갔어요 → ________
10) 배웠어요 → ________
11) 추웠어요 → ________
12) 바빴어요 → ________

**2** Role play the interviews using the given information below. Take turns being an interviewer and interviewee.

**A** 안녕하십니까? 저는 마이클 존슨이라고 합니다.

**B** 네. 이쪽으로 앉으세요.

마이클 존슨 씨는 어느 나라 사람입니까?

**A** 저는 미국 사람입니다.

**B** 전공이 무엇입니까?

**A** 저는 컴퓨터 그래픽을 전공했습니다.

1) 이름 : 마이클 존슨<br>국적 : 미국<br>전공 : 컴퓨터 그래픽

2) 이름 : 김진수<br>국적 : 한국<br>전공 : 경제학

3) 이름 : 사토 준코<br>국적 : 일본<br>전공 : 한국어 교육

4) 이름 : 장웨이<br>국적 : 중국<br>전공 : 연극

Answer 1 1) 옵니다 2) 먹습니다 3) 좋습니다 4) 맛있습니다 5) 듭니다 6) 만듭니다 7) 나쁩니다 8) 덥습니다 9) 갔습니다 10) 배웠습니다 11) 추웠습니다 12) 바빴습니다

# Key Expressions 본문

## Having an interview (2)

TRACK 11

**A** 전에는 무슨 일을 하셨습니까?

**B** 저는 전에 서울컴퓨터에서 5년 동안 일했습니다.

**A** 우리 회사는 지방에 출장을 자주 가야 되는데 괜찮습니까?

**B** 네, 괜찮습니다.

**A** What kind of work were you in before?

**B** I had worked for Seoul Computer for five years before.

**A** (If you are hired) you would be often out of town on a business trip. Is it OK with you?

**B** Yes, fine.

### Check it

1. 이 사람은 전에 컴퓨터 회사에서 일했습니다.

   T F

2. 이 사람은 지방에 자주 출장을 갈 수 없습니다.

   T F

Answer 1. T 2. F

### Grammar Points

**S-(으)ㄴ/는데 S'**

To present S as a background situation of S', '-(으)ㄴ/는데' is added to S.
'-는데' is added to a verb stem.

가다 → 가는데
먹다 → 먹는데

'-(으)ㄴ데' is added to an adjective stem.

· adjective stems ending with a vowel + -ㄴ데 : 크다 + -ㄴ데 → 큰데
· adjective stems ending with a consonant + -은데 : 작다 + -은데 → 작은데

▶▶ Grammar Reference p.145

### Notes

These are some adverbs of frequency.

자주 〉 가끔 〉 전혀

'전혀' is followed by negative expressions such as '안' or '못'.

## Practice

**1** Make one sentence using '-(으)ㄴ/는데' as shown in the example.

영화를 봐요. + 재미있어요. → 영화를 보는데 재미있어요.

1) 

학교에 가요. + 비가 와요. → ______________________.

2) 

밥을 먹어요. + 전화가 와요. → ______________________.

3) 

지하철을 탔어요. + 사람이 많았어요. → ______________________.

4) 

구두를 샀어요. + 구두가 커요. → ______________________.

**2** Practice the conversation with your partner.

**A** 전에는 무슨 일을 하셨습니까?

**B** 저는 전에 서울컴퓨터에서 5년 동안 일했습니다.

**A** 우리 회사는 외국에 출장을 자주 가야 되는데 괜찮습니까?

**B** 네, 괜찮습니다.

| 1) | 2) | 3) | 4) |
|---|---|---|---|
| 서울컴퓨터 / 5년 | 한국호텔 / 1년 | 연구소 / 3년 | 사랑은행 / 2년 |
| 외국에 출장을 자주 가야 되다 | 토요일에도 가끔 근무해야 되다 | 회사에 항상 7시까지 출근해야 되다 | 지방에서 근무해야 되다 |

Answer 1 1) 학교에 가는데 비가 와요 2) 밥을 먹는데 전화가 와요 3) 지하철을 탔는데 사람이 많았어요 4) 구두를 샀는데 구두가 커요

# Key Expressions 본문

## Having an interview (3)

TRACK 12

**A** 아침에 7시까지 출근할 수 있습니까?

**B** 네, 집이 가깝기 때문에 일찍 올 수 있습니다.

**A** 네. 좋습니다. 이번 주말까지 연락드리겠습니다.
안녕히 가십시오.

**B** 감사합니다. 안녕히 계십시오.

**A** Can you come to work by seven o'clock in the morning?
**B** Sure. I can come to work early because my house is near here.
**A** Alright. I'll give you a call by this weekend. Good bye.
**B** Thank you. Good bye.

### Check it

1. 이 사람은 회사에서 집이 멉니다.
   T F
2. 이 사람은 이번 주말에 다시 인터뷰를 해야 됩니다.
   T F

Answer 1. F 2. F

### Grammar Points

**A/V-기 때문에**

'-기 때문에' is used to express the reason or cause of something.

비가 오다 → 비가 오기 때문에

▶ Grammar Reference p.146

**-겠-**

'-겠-' expresses speaker's will or intention by adding to a verb stem. The subject should be the first person.

공부하다 : 공부하 + -겠- + -습니다 → 공부하겠습니다
공부하 + -겠- + -어요 → 공부하겠어요

열심히 공부하겠습니다.

▶ Grammar Reference p.146

### Notes

'안녕히 가십시오' is the formal form of '안녕히 가세요'.
'안녕히 계십시오' is the formal form of '안녕히 계세요'.

## Practice

**1** Answer the questions using '-기 때문에' as shown in the example.

왜 여행을 못 가요?

일이 많다

일이 많기 때문에 여행을 못 가요.

1) 

다리가 아프다

2) 

돈이 없다

3) 

날씨가 나쁘다

4) 

비행기 표가 없다

**2** Talk about each person's new year plan using '-겠-'.

새해에는 일찍 일어나겠습니다.

일찍 일어나다

1) 

결혼하다

2) 

담배를 끊다

3) 

운동하다

4) 

열심히 공부하다

5) 

열심히 일하다

6) 

술을 안 마시다

---

**Answer** ❶ 1) 다리가 아프기 때문에 2) 돈이 없기 때문에 3) 날씨가 나쁘기 때문에 4) 비행기 표가 없기 때문에 ❷ 1) 결혼하겠습니다 2) 담배를 끊겠습니다 3) 운동하겠습니다 4) 열심히 공부하겠습니다 5) 열심히 일하겠습니다 6) 술을 안 마시겠습니다

---

# Key Expressions 본문

❸ Practice the conversation with your partner.

**A** 아침에 7시까지 출근해야 되는데 괜찮습니까?

**B** 네, 집이 가깝기 때문에 괜찮습니다.

**A** 네. 좋습니다. 이번 주말까지 연락드리겠습니다. 안녕히 가십시오.

**B** 감사합니다. 안녕히 계십시오.

1)

| 아침에 7시까지 출근해야 되다 |
| --- |
| 집이 가깝다 |
| 이번 주말 |

2)

| 일본에 자주 출장을 가야 되다 |
| --- |
| 일본어를 잘하다 |
| 다음 주 수요일 |

3)

| 매일 아침에 회의가 있다 |
| --- |
| 아침에 일찍 일어나다 |
| 다음 주말 |

4)

| 야근이 자주 있다 |
| --- |
| 차가 있다 |
| 다음 주 월요일 |

[Culture 문화]

## 왜 미역국을 안 먹어요?

한국 사람들은 중요한 시험이나 면접이 있을 때 시험이나 면접을 보는 사람에게 보통 떡이나 엿을 선물합니다. 이것을 먹고 시험이나 면접에 잘 붙으라는(=합격하라는) 뜻입니다. 그런데 사람들은 시험 보는 날에 계란이나 미역국을 먹지 않습니다. 이 음식들은 미끄러워서 먹으면 시험에 미끄러진다(=불합격한다)고 생각하기 때문입니다. 여러분 나라에도 시험이나 면접을 볼 때 먹는 음식이나 먹지 않는 음식들이 있습니까?

▶ Translation p.158

# Listening 듣기

TRACK 13

**1. Listen and match each number with the reason why he does not apply for the company.**

1) ● 2) ● 3) ● 4) ●

①

②

③

④

⑤

**2. Listen and choose the correct answer.**

1) 두 사람은 지금 뭘 하고 있습니까?

①

②

③

2) 맞는 것을 고르세요.

① 여자는 오후에 일할 수 있습니다.

② 여자의 집은 학원에서 가깝습니다.

③ 여자는 학생들을 가르쳐 본 적이 없습니다.

**3. Listen and choose the correct answer.**

1) 남자는 무슨 요일에 일할 수 있습니까?

① 월요일 ② 화요일 ③ 수요일

2) 맞는 것을 고르세요.

① 남자는 서울식당에 전화했습니다.

② 남자는 한국어를 가르치고 있습니다.

③ 남자는 내일부터 일을 시작할 수 있습니다.

**Answer** 1. 1) ② 2) ③ 3) ④ 4) ① 2. 1) ③ 2) ① 3. 1) ② 2) ①

# Reading & Writing 읽기와 쓰기

## 1. Read and answer the questions.

김민수 씨는 지금 '서울컴퓨터'에 다니고 있습니다. 회사가 끝나면 다른 사람들은 집으로 가지만 김민수 씨는 커피숍으로 갑니다. 거기에서 밤 11시까지 아르바이트를 합니다. 요즘 많은 직장인들은 이렇게 직업이 있지만 퇴근 후에 다른 일을 합니다. 지난 7월에 한국신문이 조사를 했는데 23.9%의 직장인이 아르바이트를 하고 있었습니다. 지금은 아르바이트를 안 하지만 아르바이트를 하고 싶은 사람도 55.1%였습니다. 사람들이 하고 싶은 아르바이트는 '인터넷 쇼핑몰'(20.6%), '가게'(16.1%), '서비스 아르바이트'(12.4%), '번역'(6.6%)이었습니다.

1) 한국신문은 무엇을 조사했습니까?

① 직장인의 아르바이트　　② 직장인의 퇴근 시간　　③ 아르바이트가 어려운 이유

2) 다음 중 맞는 것을 고르세요.

① 김민수 씨는 퇴근 후에 집으로 갑니다.

② 직장인의 55.1%는 아르바이트를 하고 있습니다.

③ 사람들이 가장 하고 싶은 아르바이트는 '인터넷 쇼핑몰'입니다.

**Words**

| | | |
|---|---|---|
| 직장인 employee | 직업 job | 퇴근 leaving work |
| 조사 investigation / survey | 쇼핑몰 shopping mall | 서비스 service |
| 번역 translation | 조사하다 to investigate | 이유 reason |

## 2. Read and answer the questions.

### 자 기 소 개 서

저는 일본 교토에서 태어났습니다. 저희 가족은 모두 네 명입니다. 아버지하고 어머니가 계시고 여동생이 한 명 있습니다. 아버지는 회사원이시고 어머니는 선생님이십니다. 여동생은 고등학교에 다니고 있습니다. 저는 밝은 성격이고 사람 만나는 것을 좋아합니다. 제 취미는 그림 그리는 것입니다. 그래서 시간이 있으면 그림을 자주 그립니다. 그리고 영화 보는 것도 좋아해서 일주일에 한 번은 영화를 봅니다. 저는 대학교에서 컴퓨터를 전공했기 때문에 컴퓨터 회사에서 일을 하고 싶습니다. 저에게 기회를 주시면 열심히 최선을 다하겠습니다. 감사합니다.

1) 이 사람의 고향은 어디입니까?

______________________

2) 가족은 몇 명입니까?

______________________

3) 이 사람의 성격은 어떻습니까?

______________________

4) 취미는 무엇입니까?

______________________

5) 전공은 무엇입니까?

______________________

6) 어디에서 일을 하고 싶습니까?

______________________

**Words**

| | | |
|---|---|---|
| 자기소개서 cover letter | 저희 our (polite form) | 밝다 cheerful |
| 성격 personality | 기회 chance | 최선을 다하다 do one's best |

## 3. Do the writing activities below using the previous excercise number 2 as a model.

1) 다음 표에 써 보세요.

| 고향 | |
|---|---|
| 가족 | |
| 성격 | |
| 취미 | |
| 전공 | |
| 일하고 싶은 곳 | |

**Answer** **1.** 1) ① 2) ③ **2.** 1) 일본 교토 2) 네 명 3) 밝은 성격 4) 그림 그리기, 영화 보기 5) 컴퓨터 6) 컴퓨터 회사

# Reading & Writing 읽기와 쓰기

2) 1)의 표를 보고 자기소개서를 써 보세요.

### 자 기 소 개 서

Now I can...

- [ ] have an interview
- [ ] speak in formal style of speech
- [ ] give reasons
- [ ] present the background information of the following statement
- [ ] talk about one's will

in Korean.

# Additional Expressions 추가 표현

## Resume

| | 이 력 서<br>resume | | |
|---|---|---|---|
| | 성명<br>name | 김 준 호 | 주민등록번호<br>resident registration number |
| | 생년월일<br>date of birth | 1980 년 4 월 19 일 | 800419 - 1098076 |

| | | | |
|---|---|---|---|
| 주 소 | 서울시 강남구 역삼동 14-2 | 전화번호 | 02-542-0908 |
| 이메일 | jhkim@active.co.kr | 휴대 전화 | 012-897-9745 |
| 결 혼 | 미혼 single ( ✓ )<br>기혼 married (  ) | 종교<br>religion | 없음<br>none |
| 취 미 | 골프 | 특기<br>specialty | 일본어 |

| | 가 족 관 계<br>family relation | | |
|---|---|---|---|
| 관 계<br>relation | 이 름 | 직 업 | 생년월일 |
| 아버지 | 김 상 도 | 회사원 | 1952. 08. 10. |
| 어머니 | 이 미 영 | 선생님 | 1956. 02. 27. |
| 여동생 | 김 나 라 | 대학생 | 1988. 06. 11. |

| 년 월 일 | 학 력 및 경 력<br>education and career |
|---|---|
| 1999. 02. 05. | 한국고등학교 졸업<br>graduation |
| 1999. 03. 04. | 한국대학교 입학 (일본어 전공) |
| 2004. 02. 05. | 한국대학교 졸업 |
| 2004. 05. 20. | 도쿄은행 입사<br>joining a company |
| 2006. 09. 18. | 도쿄은행 퇴사<br>leaving a company |
| 2006. 10. 20. | 국제무역 입사 (현재 국제무역 대리)<br>present deputy manager |

UNIT 4

# Fashion
# 유행

**In This Unit**

- Using noun modifiers 관형절로 표현하기
- Giving the purpose of visit 특정 장소에 온(간) 목적을 이야기하기
- Talking about preferences 기호를 이야기하기

**Warm Up | 준비**

1. 이런 머리나 옷을 본 적이 있습니까?
2. 지금은 무엇이 유행하고 있습니까?

## Expressions 표 현

| | |
|---|---|
| 머리를 자르러 왔어요. | I came to get a haircut. |
| 어떻게 해 드릴까요? | How would you like it? |
| 이런 머리는 어떠세요? | How about this hair style? |
| 이런 머리가 유행이에요. | This hair style is in fashion. |
| 요즘 유행하는 스타일이에요. | This style is in fashion these days. |
| 요즘 이 영화가 인기예요. | This movie is popular these days. |

## Vocabulary 어 휘

### Words related to beauty salon

미용실 beauty salon / beauty parlor
염색하다 to dye one's hair
파마하다 to have one's hair permed
앞머리 bang
다듬다 to trim
뒷머리 hair on the back of the head

### Words related to fashion

유행하다 to be in fashion
스타일 style
인기 popularity
선글라스 sunglasses
멋쟁이 smart dresser
목걸이 necklace

### Nouns

카드 card
동대문시장 Dongdaemun Market
전자 사전 electronic dictionary
용산 Youngsan
서점 bookstore
튤립 tulip
삼겹살 samgyeopsal (fatback of pork)
떡볶이 ddeokboki (seasoned rice cake)
감기약 cold medicine
부모님 parents
아리랑 Arirang (Korean traditional folk song)
시험공부 study for a test
밥값 price for a meal / food cost

### Verbs

예매하다 to purchase in advance
알아보다 to check
아끼다 to economize

### Adjectives

늦다 late
귀엽다 cute
자연스럽다 natural
친절하다 kind
조용하다 quiet
진하다 dark / strong
깔끔하다 neat
멋있다 nice / stylish

### Others

새로 new(ly)
벌써 already
그런 such / that sort of
좀 a little / a bit
저기 there

### Words that go together

사 오다 to buy and come
마음에 들다 to catch one's fancy

# Key Expressions 본문

## Expressing modification

TRACK 14

**A** 애니 씨, 이 치마 새로 샀어요?

**B** 네. 요즘 유행하는 옷이에요.

**A** 어디에서 샀어요?

**B** 동대문시장에서 샀어요. 동대문시장에 가면 유행하는 옷을 싸게 살 수 있어요.

**A** Annie, did you buy this new skirt?

**B** Yes. This is in fashion these days.

**A** Where did you buy it?

**B** I bought it at Dongdaemun Market.
You can buy clothes in fashion at a bargain there.

### Check it

1. 애니 씨는 바지를 샀어요.
   T F

2. 애니 씨는 어디에서 옷을 샀어요?
   ① 동대문시장 ② 서울백화점

Answer 1. F 2. ①

### Grammar Points

**V-는 N**

To modify a noun with a verb in the present tense, add '-는' to the verb stem and place it before the noun.

재민 씨가 학교에 다녀요. + 그 학교는 서울대학교예요. → 재민 씨가 다니는 학교는 서울대학교예요.

▶ Grammar Reference p.147

**A-게**

By adding '-게' to an adjective stem, the adjective functions as an adverb, and it modifies a following verb or an adjective.

예쁘다 → 예쁘게

▶ Grammar Reference p.147

[Culture 문화]

### 동대문시장

동대문시장에서는 옷, 신발, 가방 등 여러 가지 물건들을 싸게 살 수 있습니다. 이곳 가게들은 오전 늦게 문을 열고 새벽까지 계속 장사를 합니다. 그래서 밤이 되면 일을 끝내고 물건을 사러 온 사람들로 가득 찹니다. 물건이 싸고 좋기 때문에 외국 관광객들도 쇼핑을 하러 많이 옵니다.

▶ Translation p.158

## Practice

**1** Ask and answer as shown in the example.

A : 하다 / 운동
B : 요가

요즘 자주 하는 운동이 뭐예요?

요즘 자주 하는 운동은 요가예요.

1) A : 마시다 / 차
   B : 녹차

2) A : 듣다 / 노래
   B : '사랑'

3) A : 읽다 / 책
   B : 한국 역사책

4) A : 먹다 / 과일
   B : 사과

**2** Circle the correct form.

1) 나는 ( 맛있게 / 맛있는 ) 음식이 좋아요.
2) 나는 옷을 ( 싼 / 싸게 ) 샀어요.
3) 나는 ( 늦은 / 늦게 ) 일어났어요.
4) 조금 ( 큰 / 크게 ) 말하세요.
5) 나는 ( 재미있는 / 재미있게 ) 사람을 좋아해요.

**3** Practice the conversation with your partner.

**A** 이 치마 새로 샀어요?

**B** 네, 요즘 유행하는 치마예요.

**A** 어디에서 샀어요?

**B** 동대문시장에서 샀어요.

거기에 가면 싸게 살 수 있어요.

1)

유행하다 / 치마
동대문시장

2)
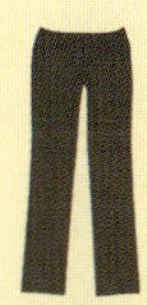
사람들이 많이 입다 / 바지
남대문시장

3)

사람들이 많이 쓰다 / 전자 사전
용산

4)

사람들이 많이 읽다 / 책
학교 서점

**Answer** **1** 1) 요즘 자주 마시는 차가 뭐예요?, 요즘 자주 마시는 차는 녹차예요. 2) 요즘 자주 듣는 노래가 뭐예요?, 요즘 자주 듣는 노래는 '사랑'이에요. 3) 요즘 자주 읽는 책이 뭐예요?, 요즘 자주 읽는 책은 한국 역사책이에요. 4) 요즘 자주 먹는 과일이 뭐예요?, 요즘 자주 먹는 과일은 사과예요.
**2** 1) 맛있는 2) 싸게 3) 늦게 4) 크게 5) 재미있는

# Key Expressions 본문

## Giving the purpose of visit

TRACK 15

**A** 어떻게 오셨어요?

**B** 머리를 자르러 왔는데요.

**A** 어떻게 해 드릴까요?

**B** 요즘 유행하는 스타일로 잘라 주세요.

**A** 이런 머리는 어떠세요?
요즘 유행하는 스타일이에요.

**B** 좋아요. 이 사진처럼 잘라 주세요.

**A** How can I help you?
**B** I came to get a haircut.
**A** How would you like it?
**B** I'd like the style in fashion these days.
**A** How about this kind of hair style? It's in fashion these days.
**B** Good. I want my hair cut like the one in this photo.

### Check it

1. 여기는 어디예요?
   ① 백화점 ② 미용실

2. 남자는 염색하고 있어요.
   T F

Answer 1. ② 2. F

### Grammar Points

**V-(으)러 가다/오다**

To express the purpose of going or coming to a place, '-(으)러 가다/오다' is added to a verb stem.

- verb stems ending with a vowel + -러 가다/오다 : 자르다 → 자르러 가다/오다
- verb stems ending with a consonant + -으러 가다/오다 : 먹다 → 먹으러 가다/오다

▶ Grammar Reference p.147

**N처럼**

'처럼' is added to a noun to describe something is the same or similar with the noun.
마이클 씨는 배우처럼 멋있어요.

▶ Grammar Reference p.147

### Notes

'어떻게 해 드릴까요?' is used to ask a customer how he/she would like to have it in detail.

## Practice

**1** Ask and answer as shown in the example.

어떻게 오셨어요?

파마를 하다

파마를 하러 왔어요.

1) 
옷을 바꾸다

2) 
김 선생님을 만나다

3) 
소포를 보내다

4) 

돈을 바꾸다

**2** Describe your classmates using the expressions below.

크리스 씨는 가수처럼 노래를 잘 불러요.

가수

아이

한국 사람

모델

선생님

| 노래를 잘 부르다 | 귀엽게 웃다 | 한국말을 잘하다 | 무섭다 | 예쁘다 | 재미있다 | 옷을 멋있게 입다 |
|---|---|---|---|---|---|---|

**3** Practice the conversation with your partner.

**A** 어떻게 오셨어요?

**B** 머리를 자르러 왔는데요.

**A** 이런 머리는 어떠세요?

요즘 유행하는 스타일이에요.

**B** 좋아요. 이 사진처럼 잘라 주세요.

귀엽게 해 주세요.

| 머리를 자르다 | 앞머리를 다듬다 | 염색을 하다 | 파마를 하다 |
|---|---|---|---|

| 멋있다 | 귀엽다 | 예쁘다 | 자연스럽다 |
|---|---|---|---|

Answer **1** 1) 옷을 바꾸러 왔어요 2) 김 선생님을 만나러 왔어요 3) 소포를 보내러 왔어요 4) 돈을 바꾸러 왔어요

# Key Expressions 본문

## Talking about preferences

TRACK 16

**A** 마이클 씨, 이 영화 봤어요?
요즘 이 영화가 인기예요.

**B** 저는 벌써 봤어요. 그런데 저는 슬픈 영화를 안 좋아해서 그저 그랬어요.
미사코 씨는 어떤 영화를 좋아하세요?

**A** 저는 무서운 영화를 좋아해요.

**B** 아, 저도 그런 영화 좋아해요.
그럼 우리 주말에 같이 '귀신의 집' 을 볼까요?

**A** 좋아요. 제가 예매할게요.

**A** Michael, did you watch this movie? This movie is popular these days.

**B** I saw it already. But it was so-so because I don't like sad movies.
What kind of movies do you like, Misako?

**A** I like scary movies.

**B** Well, I like that kind of movies, too.
Would you like to see the movie 'Ghost House' with me this weekend?

**A** Good, I'll buy the tickets in advance.

### Check it

1. 마이클 씨는 슬픈 영화를 좋아해요.
   T F
2. 마이클 씨는 주말에 '귀신의 집' 을 볼 거예요.
   T F

Answer 1. F 2. T

### Grammar Points

**어떤 N**

To ask about the kind or characteristics of something or someone, '어떤' is used as in '어떤 영화' or '어떤 사람'.

어떤 날씨를 싫어해요?

▶ Grammar Reference p.148

**V-(으)ㄹ게요**

'-(으)ㄹ게요' is used in the first person statement to express the speaker's will or intention.

· verb stems ending with a vowel + -ㄹ게요 : 사다 → 살게요
· verb stems ending with a consonant + -을게요 : 먹다 → 먹을게요

It cannot be used in a question.

▶ Grammar Reference p.148

## Practice

**1** Ask and answer as shown in the example.

A : 어떤 영화를 좋아해요?
B : 슬픈 영화를 좋아해요.

A : 무슨 꽃을 좋아해요?
B : 장미를 좋아해요.

| | |
|---|---|
| 어떤 영화 | 무슨 꽃 |
| 어떤 사람 | 무슨 과일 |
| 어떤 음식 | 무슨 음식 |

| | | | |
|---|---|---|---|
| 슬픈 영화 | 무서운 영화 | 장미 | 재미있는 사람 |
| 멋있는 사람 | 포도 | 재미있는 영화 | 불고기 |
| 냉면 | 똑똑한 사람 | 튤립 | 사과 |
| 삼겹살 | 바나나 | 매운 음식 | 친절한 사람 |

**2** You are preparing a birthday party for one of your classmates. Discuss the preparation for the party with your classmates.

1) 누가 생일 카드를 쓸 거예요?
2) 누가 노래를 할 거예요?
3) 누가 케이크를 만들 거예요?
4) 누가 식당을 예약할 거예요?

누가 꽃을 살 거예요?

제가 살게요.

**3** Practice the conversation with your partner.

**A** 어떤 영화를 좋아하세요?
**B** 저는 무서운 영화를 좋아해요.
**A** 아, 저도 그런 영화를 좋아해요.
**B** 그럼, 우리 주말에 영화 봐요. 제가 예매할게요.

| 1) | 2) | 3) | 4) |
|---|---|---|---|
| 영화 | 음식 | 노래 | 커피 |
| 무섭다 / 영화<br>주말에 영화 보다<br>예매하다 | 맵다 / 음식<br>오늘 점심에 떡볶이를 먹다<br>사다 | 조용하다 / 노래<br>토요일에 음악회에 가다<br>알아보다 | 진하다 / 커피<br>지금 커피를 마시다<br>사 오다 |

# Listening 듣기

TRACK 17

## 1. Listen and match the person's name with the place where he is going to.

1) 재민 ●

2) 크리스 ●

3) 마이클 ●

4) 레오 ●

①

②

③
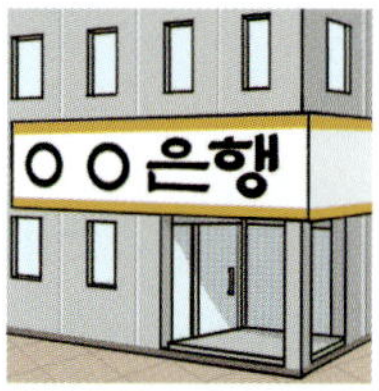


④

⑤

## 2. Listen and choose the correct answer.

1) 이 사람은 왜 미용실에 왔습니까? 맞는 것을 모두 고르세요.

① 파마를 하러 ② 염색을 하러 ③ 머리를 자르러

2) 이 사람은 머리 스타일을 어떻게 바꿨습니까?

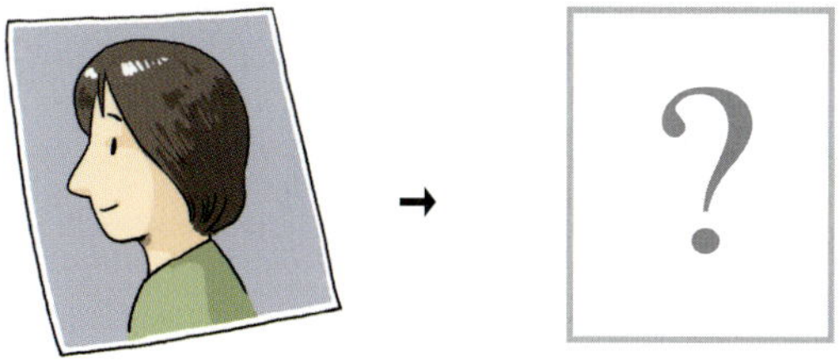

전
(Before)

후
(After)

①  ②  ③ 

## 3. Listen and choose the correct answer.

1) 어머니의 물건을 <u>모두</u> 고르세요.

①  ②  ③ 

2) 맞는 것을 고르세요.

① 요즘 큰 가방이 유행이에요.
② 미사코 씨는 선글라스를 새로 샀어요.
③ 웨이 씨는 어머니에게 목걸이를 선물했어요.

Answer 1. 1) ② 2) ③ 3) ④ 4) ① 2. 1) ③ 2) ③ 3. 1) ①, ② 2) ②

# Reading & Writing 읽기와 쓰기

**1. Answer the survey below about how sensitive you are to what's in fashion. Calculate the score then you will find out how fashionable you are.**

| 1 전혀 아닙니다. | 2 아닙니다. | 3 보통입니다. | 4 그렇습니다. | 5 매우 그렇습니다. |
|---|---|---|---|---|

1) 머리를 하러 자주 미용실에 갑니다.

1 — 2 — 3 — 4 — 5

2) 패션 잡지를 자주 봅니다.

1 — 2 — 3 — 4 — 5

3) 요즘 유행하는 노래를 많이 부를 수 있습니다.

1 — 2 — 3 — 4 — 5

4) 길에서 멋있는 물건을 보면 꼭 구경합니다.

1 — 2 — 3 — 4 — 5

5) 유행하는 옷이나 신발, 가방을 파는 곳을 많이 알고 있습니다.

1 — 2 — 3 — 4 — 5

6) 한 번 쇼핑할 때 시간이 많이 걸립니다.

1 — 2 — 3 — 4 — 5

7) 지금 내가 사용하고 있는 물건 중에서 요즘 유행하는 물건이 많이 있습니다.

1 — 2 — 3 — 4 — 5

| 점수 | 결과 |
|---|---|
| 27 ~ 35 | 유행에 관심이 많은 멋쟁이입니다. |
| 16 ~ 26 | 유행에 관심이 있지만 실용성을 중요하게 생각합니다. |
| 7 ~ 15 | 유행에 관심이 없고, 자기의 스타일을 만드는 사람입니다. |

**Words**

보통 normal / ordinary
팔다 to sell
중요하다 important
그렇다 to be so
관심 interest
생각하다 to think
패션 fashion
실용성 practicality
자기 one's own

## 2. Read and answer the questions.

### 청바지를 싸게 팝니다.

청바지를 팝니다. 한 달 전에 백화점에서 10만 원에 샀는데 돈이 급하게 필요해서 5만 원에 팝니다. 지금 유행하는 스타일이고 깨끗하게 입어서 새 바지처럼 보입니다. 여기 사진도 있으니까 보시고 연락 많이 주세요. 제 휴대 전화 번호는 014-880-5488이고 이메일은 yj1980@snu.co.kr입니다. 전화를 안 받으면 문자 메시지를 주세요. 제가 전화드리겠습니다.

1) 맞으면 O, 틀리면 X 하세요.

① 이 사람은 한 달 전에 10만 원을 주고 바지를 샀습니다. (　　　)

② 이 사람은 이 바지를 입은 적이 없습니다. (　　　)

③ 이 사람한테 이메일로 연락할 수 없습니다. (　　　)

2) 다음을 써 보세요.

| | |
|---|---|
| 뭘 팔아요? | 청바지 |
| 언제, 어디에서 샀어요? | |
| 얼마에 샀고, 얼마에 팔아요? | |
| 이 바지의 좋은 점은 뭐예요? | |
| 연락처가 어떻게 돼요? | 휴대 전화: 014-880-5488, 이메일: yj1980@snu.co.kr |

**Words**

급하다 urgent
필요하다 necessary
깨끗하다 clean
문자 메시지 text message
점 fact / point
연락처 contact list

Answer 2. 1) ① O ② X ③ X

# Reading & Writing 읽기와 쓰기

**3. Do the writing activities below using the previous excercise number 2 as a model.**

1) 팔고 싶은 물건이 있어요? 써 보세요.

| 뭘 팔고 싶어요? | |
|---|---|
| 언제, 어디에서 샀어요? | |
| 얼마에 샀고, 얼마에 팔고 싶어요? | |
| 이 물건의 좋은 점은 뭐예요? | |
| 연락처가 어떻게 돼요? | |

2) 1)의 표를 보고 물건을 파는 글을 써 보세요.

Now I can...

- ☐ express modification
- ☐ give the purpose of visit
- ☐ talk about preferences

in Korean.

## Additional Expressions 추가 표현

### Expressions related to beauty salon

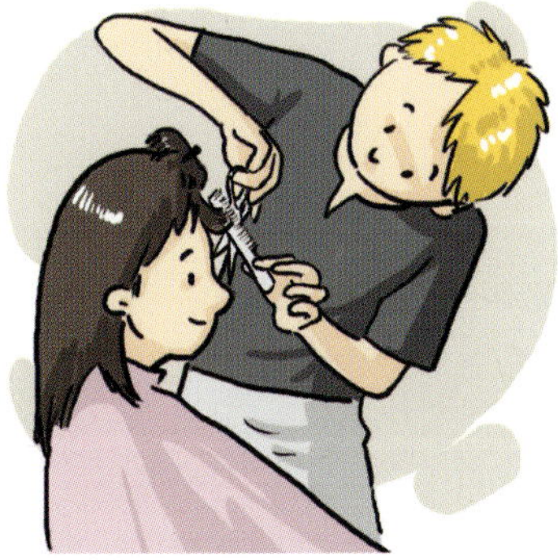

앞머리를 자르다
to cut one's bang

뒷머리를 다듬다
to trim the hair on the back

염색을 하다
to dye one's hair

파마를 하다
to have one's hair permed

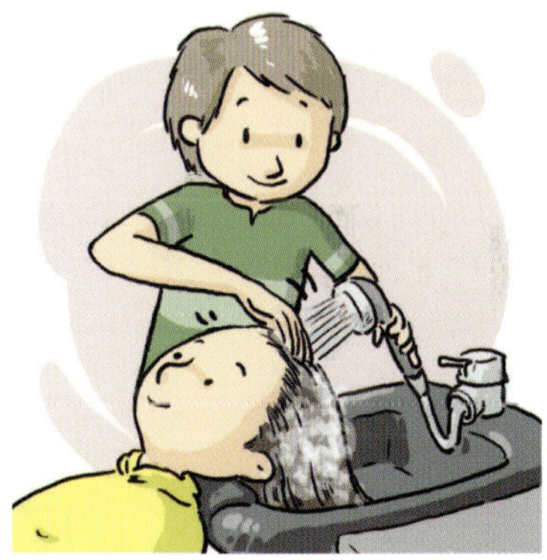

머리를 감다
to wash one's hair

머리를 말리다
to dry one's hair

화장을 하다
to put on makeup

UNIT 5

# Out of order
# 고장

**In This Unit**

- Using Banmal (informal, intimate speech)　반말로 말하기
- Using noun modifiers　관형절로 표현하기

**Warm Up | 준비**

1. 이 물건들은 무슨 문제가 있습니까?
2. 이때 어떻게 해야 됩니까?

## Expressions 표 현

| | | | |
|---|---|---|---|
| 왜 그래? | What's the matter? | 컴퓨터가 고장 났어. | The computer is out of order. |
| 그냥 새로 사자. | Let's just buy a new one. | 서비스 센터에 전화해 볼게. | I'll call the service center. |

## Vocabulary 어 휘

### Words related to breakdowns and repairs

서비스 센터 service center
걸리다 to be stuck
고장 out of order
나다 to occur / to come out / to happen
고치다 to repair / to fix
기사 engineer / repairing technician
수리 repair
접수증 receipt
접수 번호 receipt number
접수 일시 the time and date of receipt

### Machines

컴퓨터 computer
카세트 cassette tape player
프린터 printer
에어컨 air conditioner
히터 heater
비디오 video player
정수기 water purifier
노트북 laptop computer

### Nouns

문제 problem
화면 screen
녹음 recording
목소리 voice
종이 paper
구두쇠 miser
얼음 ice
소리 sound
지난달 last month
학기 semester
지난주 last week
녹화 video recording
사장님 the president of a company
엄마 mom
용돈 allowance
지난번 last time
교통 카드 transportation card
그때 at that time
데이트 date
중고차 used car
옛날 old days / long time ago
운전면허 driver's license
실수 mistake
사고 accident
성명 name
담당자 person in charge
전원 power
신림동 Sillim-dong
거짓말 lie

### Verbs

되다 to be (recorded)
들리다 to be heard
빌리다 to borrow
얼다 to freeze
버리다 to throw away
가지고 가다 to take along
갚다 to pay back
들다 to cost / to take
따다 to get / to obtain
축하하다 to congratulate
돕다 to help
켜다 to turn on
가지고 오다 to bring
외우다 to memorize

### Adjectives

이상하다 strange / unusual
느리다 slow
불편하다 uncomfortable / inconvenient
죄송하다 sorry

### Others

너 you
응 yes (Banmal)
아니 no (Banmal)
자꾸 frequently
여보 darling / dear / honey
그냥 as it is
당신 you
이따가 a little later
미리 in advance
계속 continuously
새 new
금방 just right now / just a moment ago

### Words that go together

화면이 나오다 to get reception (or signal) on the screen
고장이 나다 to be out of order / to be broken
소리가 나다 to sound
운전면허를 따다 to obtain a driver's license
종이가 걸리다 to get paper stuck
얼음이 얼다 to be frozen
돈이 들다 to cost money
사고가 나다 to get into an accident

# Key Expressions 본문

## Out of order (1)

TRACK 18

**A** 마이클, 왜 그래?

**B** 컴퓨터가 이상해.

**A** 어떻게?

**B** 화면이 안 나와.

너 서비스 센터 전화번호 알아?

**A** 응. 1515-1515야.

**A** Michael, what's the matter?

**B** Something's wrong with the computer.

**A** What's wrong?

**B** The screen doesn't come out.

Do you know the phone number of service center?

**A** Yes. it's 1515-1515.

### Check it

1. 컴퓨터 화면이 안 나와요.

   T F

2. 마이클은 서비스 센터 전화번호를 알아요.

   T F

Answer 1. T 2. F

### Grammar Points

**A/V-아/어, N-(이)야**

Use Banmal(informal, intimate speech style) to someone junior your age or same age with you, and your close friends. To form a Banmal ending, take '-요' away from '-아요/어요' as follows.

- verb or adjective stem's last vowels ending with 'ㅏ' or 'ㅗ' + -아 : 오다 → 와
- verbs or adjectives ending with '하다', 하다 → 해 : 공부하다 → 공부해
- In all other cases, add '-어' : 먹다 → 먹어

Banmal ending of '-이에요/예요' is as follows.

- nouns ending with a vowel + -야 : 학교 → 학교야
- nouns ending with a consonant + -이야 : 책 → 책이야

A sentence will be a statement with a falling intonation at the end, and a question with a rising intonation.

▶ Grammar Reference p.148

### Notes

When Banmal is used, the listener's name can be called. However, '너' is usually used for pointing the listener. To talk about yourself, use '나' instead of '저'.

'응', '아니' are used in place of '네', '아니요' in Banmal.

## Practice

**1** Change the followings into Banmal.

한국어 공부가 재미있어요. → 한국어 공부가 재미있어.

1) 오늘 날씨가 아주 좋아요. → ____________________.
2) 저는 한국어를 공부해요. → ____________________.
3) 백화점이 시장보다 비싸요. → ____________________.
4) 저는 고기를 안 먹어요. → ____________________.
5) 극장에 자주 가요. → ____________________.
6) 저는 한국 사람이에요. → ____________________.
7) 네, 저는 김치를 아주 좋아해요. → ____________________.
8) 아니요, 회의는 8시예요. → ____________________.

**2** Practice the conversation with your partner.

**A** 왜 그래?

**B** 컴퓨터가 이상해.

**A** 어떻게?

**B** 화면이 안 나와. 너 서비스 센터 전화번호 알아?

**A** 응. 1515-1515야.

| | | |
|---|---|---|
| 1) | 컴퓨터<br>화면이 안 나오다 | 1515-1515 |
| 2) | 카세트<br>녹음이 안 되다 | 080-8282 |
| 3) | 휴대 전화<br>목소리가 안 들리다 | 2020-5353 |
| 4) | 프린터<br>종이가 자꾸 걸리다 | 5245-8206 |

**Answer 1** 1) 오늘 날씨가 아주 좋아. 2) 나는 한국어를 공부해. 3) 백화점이 시장보다 비싸. 4) 나는 고기를 안 먹어. 5) 극장에 자주 가. 6) 나는 한국 사람이야. 7) 응, 나는 김치를 아주 좋아해. 8) 아니, 회의는 8시야.

[Culture 문화]

### 우리 말 놓자.

한국 사람들은 자기보다 나이가 어린 사람에게는 모두 반말을 쓸까요? 아닙니다. 성인들끼리는 처음 만났을 경우 나이에 상관없이 서로 높임말을 쓰는 것이 예의입니다. 그런데 계속 나이가 많은 사람이 나이가 어린 사람에게 높임말을 사용하면 불편하겠지요? 이럴 때 나이가 어린 사람이 먼저 "말씀 낮추세요."라고 합니다.

한국에서는 나이가 같은 사람들을 '동갑'이라고 하는데, 성인이면 동갑들도 처음 만났을 때 서로 높임말을 씁니다. 그러다가 친해지면 "우리 말 놓자."라고 하고 서로에게 반말을 쓰기 시작합니다.

▶ Translation p.158

# Key Expressions 본문

## Out of order (2)

TRACK 19

**A** 여보, 컴퓨터가 또 고장 났어.

**B** 그래? 내가 서비스 센터에 전화해 볼게.

**A** 자꾸 고장 나는데 그냥 새로 사자.

**B** 안 돼. 작년에 샀는데 그냥 써.

**A** 당신은 정말 구두쇠야.

**A** Honey, the computer has gone wrong again.

**B** Really? I'll call the service center.

**A** It gets out of order again and again. Let's just buy a new one.

**B** No. We just bought it last year. Just keep it.

**A** You are a real miser.

### Check it

1. 컴퓨터가 고장 났어요.
   T F
2. 컴퓨터를 새로 샀어요.
   T F

Answer 1. T 2. F

### Grammar Points

#### A/V-았/었어

To form the past tense of Banmal ending, take '-요' away from '-았어요/었어요'.

- verb or adjective stem's last vowels ending with 'ㅏ' or 'ㅗ' + -았어 : 오다 → 왔어
- verbs or adjectives ending with '하다', -하다 → 했어 : 공부하다 → 공부했어
- In all other cases, add '-었어' : 먹다 → 먹었어

#### V-(으)ㄹ게, A/V-(으)ㄹ 거야

To form the future tense of Banmal ending, '-(으)ㄹ게요' is changed to '-(으)ㄹ게', and '-(으)ㄹ 거예요' is changed to '-(으)ㄹ 거야'.

갈게요 → 갈게 / 갈 거예요 → 갈 거야

▶▶ Grammar Reference p.148

#### V-아/어

To order someone in Banmal, add '-아/어' after the verb stem.

가요 → 가 / 읽어요 → 읽어

▶▶ Grammar Reference p.149

#### V-자

To suggest someone to do something together in Banmal, add '-자' after the verb stem.

같이 가요 → 같이 가자 / 같이 읽어요 → 같이 읽자

▶▶ Grammar Reference p.149

### Notes

Between husband and wife, they call each other '여보'. For the word 'you', '너' is usually used in Banmal. However, '당신' is used between husband and wife.

## Practice

### 1 Change the underlined parts into Banmal.

A : 어제 뭐 했어요? → 1) ( )
B : 책 빌리러 도서관에 갔어요. → 2) ( )
A : 무슨 책을 빌렸어요? → 3) ( )
B : '해리 포터'를 빌렸어요. → 4) ( )
A : 내일은 뭐 할 거예요? → 5) ( )
B : 영화 보러 갈 거예요. → 6) ( )

A : 무슨 영화를 볼 거예요? → 7) ( )
B : '거미 아저씨'를 볼 거예요. → 8) ( )
A : 나도 보고 싶어요. → 9) ( )
B : 그럼 같이 가요. → 10) ( )
A : 내가 표를 살게요. → 11) ( )
B : 네, 좋아요. → 12) ( )

### 2 Change the followings into Banmal.

이따가 같이 영화 봐요. → 이따가 같이 영화 보자.

1) 우리 같이 밥 먹으러 가요. → ____________________.
2) 여기 앉으세요. → ____________________.
3) 열심히 공부하세요. → ____________________.
4) 우리 내일 오후에 극장 앞에서 만나요. → ____________________.
5) 좀 더 큰 소리로 이야기해 주세요. → ____________________.

### 3 Practice the conversation with your partner.

**A** 컴퓨터가 또 고장 났어. 새 컴퓨터를 사자.
**B** 안 돼. 내가 서비스 센터에 전화해 볼게.
**A** 그냥 사자. 고장도 잘 나고 너무 느려.
**B** 이번에는 그냥 고치자.
**A** 당신은 정말 구두쇠야.

| 1) | 2) | 3) | 4) |
|---|---|---|---|
| 컴퓨터<br>새 컴퓨터를 사다 | 차<br>새 차로 바꾸다 | 냉장고<br>냉장고를 사러 가다 | 텔레비전<br>텔레비전을 버리다 |
| 고장도 잘 나다<br>/ 너무 느리다 | 에어컨도 고장 나다<br>/ 히터도 안 되다 | 얼음도 안 얼다<br>/ 이상한 소리도 나다 | 화면도 안 나오다<br>/ 소리도 안 나오다 |

Answer 1 1) 했어 2) 갔어 3) 빌렸어 4) 빌렸어 5) 할 거야 6) 갈 거야 7) 볼 거야 8) 볼 거야 9) 보고 싶어 10) 가자 11) 살게 12) 응, 좋아
2 1) 우리 같이 밥 먹으러 가자 2) 여기 앉아 3) 열심히 공부해 4) 우리 내일 오후에 극장 앞에서 만나자 5) 좀 더 큰 소리로 이야기해 줘

# Key Expressions 본문

## Out of order (3)

TRACK 20

**A** 네. 서비스 센터입니다.

**B** 지난달에 산 컴퓨터가 고장이 났어요.

**A** 어떻게 고장이 났습니까?

**B** 화면도 안 나오고 이상한 소리도 나요.
컴퓨터로 해야 될 일이 많으니까
기사 좀 빨리 보내 주세요.

**A** 네. 알겠습니다.

**A** Hello. Service center.

**B** The computer I bought last month broke down.

**A** What's wrong with it?

**B** The computer screen is not on, and it makes strange sound. I have a lot of work to do using the computer. Please send me an engineer right away.

**A** All right, sir.

### Check it

1. 서비스 센터에 전화했어요.
   [T] [F]

2. 컴퓨터를 서비스 센터에 가지고 가야 돼요.
   [T] [F]

Answer 1. [T] 2. [F]

### Grammar Points

**V-(으)ㄴ N**

To modify a noun with a verb in the past tense, add '-(으)ㄴ' to the verb stem and place it before the noun.

지난달에 컴퓨터를 샀어요. + 그 컴퓨터가 고장이 났어요. → 지난달에 산 컴퓨터가 고장이 났어요.

- verb stems ending with a vowel + -ㄴ : 사다 → 산
- verb stems ending with a consonant + -은 : 먹다 → 먹은

▶ Grammar Reference p.149

**V-(으)ㄹ N**

To modify a noun with a verb in the future tense, add '-(으)ㄹ' to the verb stem and place it before the noun.

내일 친구를 만날 거예요. + 그 친구는 애니 씨예요. → 내일 만날 친구는 애니 씨예요.

- verb stems ending with a vowel + -ㄹ : 사다 → 살
- verb stems ending with a consonant + -을 : 먹다 → 먹을

▶ Grammar Reference p.150

## Practice

**1** Complete the sentences using the given words. Change the words using '–는', '–(으)ㄴ', '–(으)ㄹ'.

| 지금 ( 다니는 ) 학교는 서울대학교예요. (다니다) |
|---|

1) 어제 (            ) 불고기는 참 맛있었어요. (먹다)
2) 내일 (            ) 곳이 어디예요? (가다)
3) 다음 학기에 (            ) 책을 샀어요. (배우다)
4) 지난주에 (            ) 영화는 재미있었어요. (보다)
5) 지금 (            ) 음식 이름이 뭐예요? (만들다)

**2** Practice the conversation with your partner.

**A** 네. 서비스 센터입니다.

**B** 지난달에 산 컴퓨터가 고장이 났어요.

**A** 어떻게 고장이 났습니까?

**B** 화면이 안 나와요.
컴퓨터로 해야 될 일이 많으니까 기사 좀 빨리 보내 주세요.

**A** 네. 알겠습니다.

1)

| 지난달에 사다 / 컴퓨터 |
|---|
| 화면이 안 나오다 |
| 컴퓨터로 해야 되다 / 일이 많다 |

2)

| 새로 사다 / 비디오 |
|---|
| 녹화가 안 되다 |
| 녹화하다 / 프로그램이 있다 |

3)

| 지난주 빌리다 / 정수기 |
|---|
| 물이 안 나오다 |
| 마시다 / 물이 없다 |

4)

| 어제 사 오다 / 프린터 |
|---|
| 종이가 자꾸 걸리다 |
| 프린터를 쓰다 / 일이 많다 |

Answer ❶ 1) 먹은 2) 갈 3) 배울 4) 본 5) 만드는

# Listening 듣기

TRACK 21

**1. Listen and match each number with the people who are talking to each other.**

1) •　　　① 친구 – 친구
2) •　　　② 선생님 – 학생
3) •　　　③ 사장님 – 직원
　　　　　④ 엄마 – 아들

**2. Listen and check( ✓ ) whose idea it is.**

1) 다음에 고장이 또 나면 새 차를 살 거예요.　남자 □　여자 □
2) 새 차를 사면 더 좋아요.　남자 □　여자 □
3) 처음 운전할 때 중고차를 사는 게 좋아요.　남자 □　여자 □

**3. Listen to the conversation over the phone and answer the questions.**

1) 어디에 전화했습니까?

① 백화점　② 서비스 센터　③ 컴퓨터 가게

2) 무엇이 문제입니까? check( ✓ ) 하세요.

### 고장 · 수리 접수증

| 접수번호 | 19 | 성　명 | 김재민 |
|---|---|---|---|
| 담 당 자 | 이영수 | | |
| 고장난 물건 | 노트북 □　비디오 □　텔레비전 □ | | |
| 접수일시 | 2007. 7. 23. 15:30 | | |
| 고장난 곳 | 전원 □　화면 □　소리 □　인터넷 □ | | |

**Answer** 1. 1) ④ 2) ③ 3) ① 2. 1) 여자 2) 남자 3) 남자
3. 1) ② 2) 노트북 ☑, 화면 ☑, 소리 ☑

# Reading & Writing 읽기와 쓰기

**1. Read the following text messages. Mark O if the sentence is true, and mark X if it is not true.**

1)

> 메시지
>
> 웨이! 나 10분쯤 늦어. 버스 타고 가고 있는데 길이 많이 막혀. 늦어서 미안해. 조금만 기다려 줘.
>
> 03/29 7:55am
> 014-880-5488 미사코

미사코 씨는 친구를 기다리고 있습니다. (　　　)

2)

> 메시지
>
> 애니, 나 오늘 아파서 학교에 못 갔어. 오늘 숙제가 있었어? 미안하지만 나한테 숙제 좀 알려 줘.
>
> 5/30 5:10pm
> 015-6080-3016 크리스

크리스 씨는 숙제를 알고 싶어서 메시지를 보냈습니다. (　　　)

3)

> 메시지
>
> 마이클, 조금 전에 왜 전화했어? 회의를 해서 전화를 못 받았어. 내가 조금 전에 너한테 전화했는데 전화가 안 돼. 이 메시지 보면 나한테 전화해 줘.
>
> 11/2 10:00am
> 013-875-2449 재민

마이클 씨는 지금 회의를 하고 있습니다. (　　　)

**Words**

길이 막히다 the road is blocked　　　알리다 to let (a person) know / to inform

**2. Read the following internet bulletin board and answer the questions.**

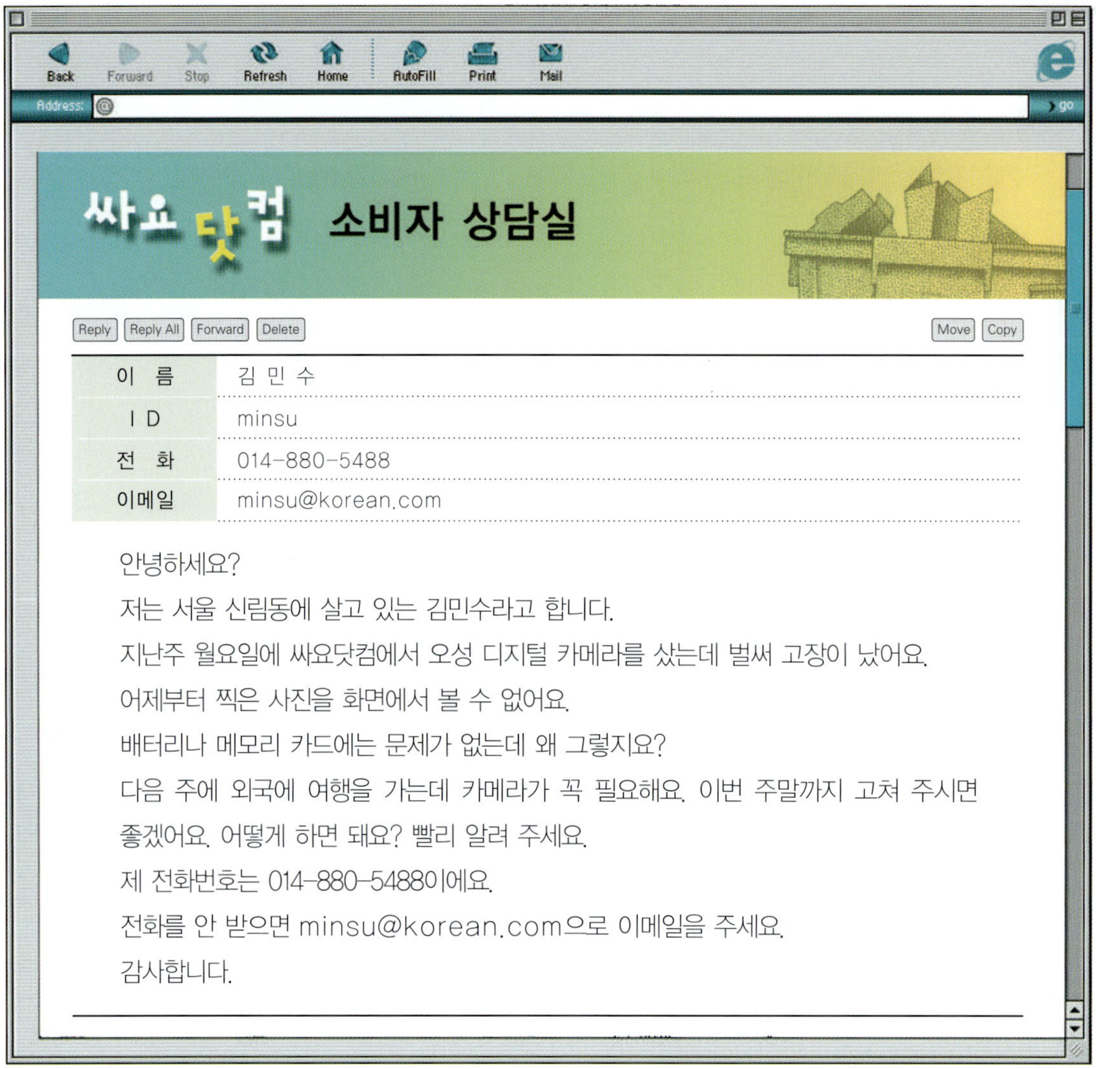

Back Forward Stop Refresh Home AutoFill Print Mail

Address:

싸요 닷컴 소비자 상담실

Reply | Reply All | Forward | Delete | Move | Copy

| 이 름 | 김 민 수 |
|---|---|
| I D | minsu |
| 전 화 | 014-880-5488 |
| 이메일 | minsu@korean.com |

안녕하세요?

저는 서울 신림동에 살고 있는 김민수라고 합니다.

지난주 월요일에 싸요닷컴에서 오성 디지털 카메라를 샀는데 벌써 고장이 났어요.

어제부터 찍은 사진을 화면에서 볼 수 없어요.

배터리나 메모리 카드에는 문제가 없는데 왜 그렇지요?

다음 주에 외국에 여행을 가는데 카메라가 꼭 필요해요. 이번 주말까지 고쳐 주시면 좋겠어요. 어떻게 하면 돼요? 빨리 알려 주세요.

제 전화번호는 014-880-5488이에요.

전화를 안 받으면 minsu@korean.com으로 이메일을 주세요.

감사합니다.

1) 왜 이 글을 썼어요?

① 디지털 카메라가 고장 나서

② 디지털 카메라를 사고 싶어서

③ 디지털 카메라를 빌리고 싶어서

2) 맞는 것을 고르세요.

① 지난주 월요일에 카메라를 샀어요.

② 이번 주말에 외국으로 여행을 갈 거예요.

③ 배터리하고 메모리 카드에 문제가 있어요.

Answer 1. 1) X 2) O 3) X 2. 1) ① 2) ①

3) **2**의 내용을 다음 표에 써 보세요.

| 뭐가 고장이 났어요? | |
|---|---|
| 언제 이 물건을 샀어요? | |
| 언제 고장이 났어요? | |
| 어떻게 고장이 났어요? | |

**Words**

소비자 consumer
상담실 consulting center
배터리 battery
메모리 카드 memory chip

## 3. Do the writing activities below using the previous excercise number 2 as a model.

1) 여러분의 물건도 고장 난 적이 있어요? 다음을 보고 표에 써 보세요.

| 뭐가 고장이 났어요? | |
|---|---|
| 언제 이 물건을 샀어요? | |
| 언제 고장이 났어요? | |
| 어떻게 고장이 났어요? | |

텔레비전

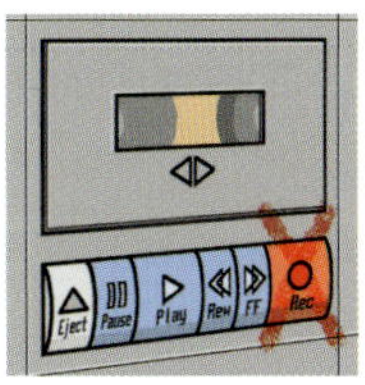
카세트

휴대 전화

컴퓨터

화면이 안 나와요. 녹음이 안 돼요. 목소리가 안 들려요. 인터넷이 안 돼요.
소리가 안 나와요. 화면이 안 보여요. 이상한 소리가 나요.

# Reading & Writing 읽기와 쓰기

2) 1)의 표를 보고 다음을 써 보세요.

Back Forward Stop Refresh Home AutoFill Print Mail

Address:

싸요 닷컴 소비자 상담실

Reply Reply All Forward Delete Move Copy

| | |
|---|---|
| 이 름 | |
| I D | |
| 전 화 | |
| 이메일 | |

**Now I can...**

- ☐ Use Banmal (informal, intimate speech style)
- ☐ Use noun modifiers in the past tense
- ☐ Use noun modifiers in the future tense

in Korean.

# Additional Expressions 추가 표현

## Out of order

컴퓨터가 다운됐어요.
The computer is down.

부팅이 안 돼요.
I can't boot up the computer.

바이러스에 감염됐어요.
The computer has a computer virus.

인터넷 연결이 안 돼요.
I can't get on the internet.

액정이 나갔어요.
The cellphone screen is frozen.

버튼이 안 눌러져요.
The cellphone keypads got stuck.

배터리가 빨리 닳아요.
The battery runs out so fast.

시동이 안 걸려요.
I can't start the engine.

라이트가 나갔어요.
The car lights went out.

타이어가 펑크 났어요.
I got a flat tire.

UNIT 6

# Change
# 변화

**In This Unit**

- Expressing the new fact that you have found out 처음 알게 됨을 나타내기
- Describing changes 변화 말하기
- Expressing the superlative 최상급 표현하기
- Asking for opinions or guesses 의견 묻기
- Expressing guesses 추측 말하기

**Warm Up | 준비**

1. 위 사진을 보세요. 어떤 변화가 있습니까?
2. 집이나 직장, 가족이나 친구를 생각해 보세요. 어떤 변화가 있었습니까?

## Expressions 표 현

| | |
|---|---|
| 날씨가 춥네요. | It's cold |
| 많이 좋아졌어요. | I got much better. |
| 뭐가 제일 힘들었어요? | What was the toughest on you? |
| 지금은 어때요? | How is it now? |
| 매운 음식을 좋아하게 됐어요. | I've come to like spicy food. |

## Vocabulary 어 휘

### Nouns

변화 change
직장 job / work
찻집 tea house
값 price
반 class
발음 pronunciation
동아리 club
필요 need
때 the time
겨울 winter
날 the day
취직 employment
서른 thirty
에베레스트 Mt. Everest
세계 world

### Verbs

나가다 to go out
이해하다 to understand
걱정하다 to worry
연습하다 to practice
가입하다 to join (a club)
벌다 to earn
졸업하다 to graduate
넘다 to be over
소개하다 to introduce

### Adjectives

시원하다 cool
쌀쌀하다 chilly
뜨겁다 hot

### Others

제일 most / best
이제 now
가장 most / best
아마 maybe / perhaps / probably

### Words that go together

돈을 벌다 to earn money

# Key Expressions 본문

## Describing changes (1)

TRACK 22

**A** 날씨가 춥네요.

**B** 네. 어제보다 더 추워졌어요.

**A** 감기는 어때요?

**B** 많이 좋아졌어요. 날씨가 추우니까 따뜻한 차를 마시고 싶네요.

**A** 그럼 같이 마시러 가요.

**A** It's cold.

**B** Yes. It became colder than yesterday.

**A** How's your cold?

**B** It's getting better.
It's cold, so I'd like to have a cup of warm tea.

**A** Then, let's go to have some tea together.

### Check it

1. 오늘 날씨가 어제 날씨보다 더 추워요.
   T　　F
2. 두 사람은 어디에 갈 거예요?
   ① 찻집　　② 도서관

Answer 1. T 2. ①

### Grammar Points

#### A/V-네요

'-네요' is added to the stem of a verb or an adjective to express the new fact that the speaker found out.

춥다 → 춥네요

▶ Grammar Reference p.150

#### A-아/어지다

'-아/어지다' is added to an adjective stem to express changes.

- adjective stem's last vowels ending with 'ㅏ' or 'ㅗ' + -아지다 : 좋다 → 좋아지다
- adjectives ending with '하다', 하다 → 해지다 : 따뜻하다 → 따뜻해지다
- In all other cases, add '-어지다' : 재미있다 → 재미있어지다

▶ Grammar Reference p.150

## Practice

**1** What do you think this man is saying? Write what he is saying using '–네요' as in the example below.

키가 크다

1) 

눈이 오다

2) 

날씨가 좋다

3) 

예쁘다

4) 

한국어를 잘하다

**2** Complete the sentences as shown in the example.

1,000원 → 2,000원 사과 값이 비싸졌어요.

1) 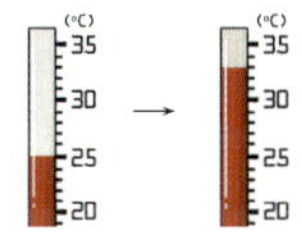 25℃ → 33℃ 날씨가 ______________.

2) 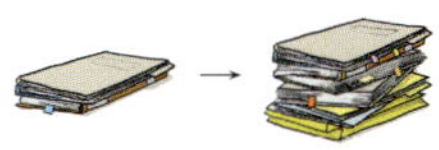 일이 ______________.

3)  기분이 ______________.

4) 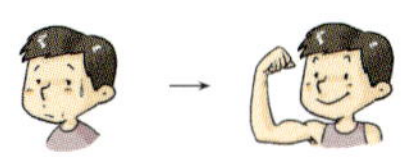 몸이 ______________.

**3** Practice the conversation with your partner.

**A** 날씨가 춥네요.

**B** 네, 어제보다 더 추워졌어요.

**A** 날씨가 추우니까 따뜻한 차를 마시고 싶네요.

**B** 그럼 같이 마시러 가요.

| 1) | 2) | 3) | 4) |
|---|---|---|---|
| 춥다 | 덥다 | 따뜻하다 | 쌀쌀하다 |
| 추워지다 | 더워지다 | 따뜻해지다 | 쌀쌀해지다 |
| 춥다 / 따뜻한 차를 마시다 | 덥다 / 시원한 아이스크림을 먹다 | 따뜻하다 / 밖에 나가다 | 쌀쌀하다 / 뜨거운 음식을 먹다 |
| 마시러 가다 | 먹으러 가다 | 밖에 나가다 | 먹으러 가다 |

Answer ① 1) 눈이 오네요. 2) 날씨가 좋네요. 3) 예쁘네요. 4) 한국어를 잘하네요. ② 1) 더워졌어요 2) 많아졌어요 3) 좋아졌어요 4) 건강해졌어요

# Key Expressions 본문

## Describing changes (2)

TRACK 23

**A** 애니 씨, 처음 한국에 왔을 때 뭐가 제일 힘들었어요?

**B** 매운 음식을 잘 못 먹어서 힘들었어요.

**A** 지금은 어때요?

**B** 지금은 매운 음식을 아주 좋아하게 됐어요.
요즘은 김치가 없으면 밥을 못 먹어요.

**A** What was the toughest on you when you came to Korea for the first time?

**B** Eating spicy food was tough on me.

**A** How about now?

**B** I've come to like spicy food.
I can't have a meal without kimchi these days.

### Check it

1. 애니 씨는 처음 한국에 왔을 때 왜 힘들었어요?
   ① 날씨가 추워서
   ② 한국 음식을 잘 못 먹어서
2. 애니 씨는 요즘 김치를 잘 먹어요.
   T F

Answer 1. ② 2. T

### Grammar Points

**V-게 되다**

'-게 되다' is added to a verb stem to express changes.

가다 → 가게 되다

▶ Grammar Reference p.151

**제일**

'제일' is an adverb expressing the best, the most and superlatives.

불고기가 제일 맛있어요.
우리 반에서 마이클 씨가 노래를 제일 잘해요.

▶ Grammar Reference p.151

## Practice

**1** Complete the sentences using '-게 되다' as shown in the example.

> 처음에는 한국어를 못했지만 지금은 잘하게 됐어요.

1) 처음에는 운전을 잘 못했지만 지금은 ______________________.

2) 처음에는 그 사람을 싫어했지만 지금은 그 사람을 ______________________.

3) 전에는 그 사람을 잘 몰랐지만 지금은 ______________________.

4) 어렸을 때는 운동하는 것을 좋아했지만 지금은 ______________________.

**2** Ask and answer the questions below.

1) 한국에서 언제 제일 힘들었어요? ______________________.

2) 한국에서 언제 제일 재미있었어요? ______________________.

3) 한국에서 언제 제일 기뻤어요? ______________________.

4) 한국에서 언제 제일 슬펐어요? ______________________.

**3** Practice the conversation with your partner.

**A** 처음 한국에 왔을 때 뭐가 제일 힘들었어요?

**B** 매운 음식을 잘 못 먹어서 힘들었어요.

**A** 지금은 어때요?

**B** 지금은 매운 음식을 아주 좋아하게 됐어요.

1) 매운 음식을 잘 못 먹었어요 / 매운 음식을 아주 좋아해요

2) 한국어를 잘 못했어요 / 한국어를 잘해요

3) 음식을 잘 못 만들었어요 / 음식을 잘 만들어요

4) 한국 사람의 말을 이해 못했어요 / 한국 사람의 말을 이해할 수 있어요

Answer **1** 1) 잘하게 됐어요 2) 좋아하게 됐어요 3) 잘 알게 됐어요 4) 싫어하게 됐어요

# Key Expressions 본문

## Asking for opinions or guesses

TRACK 24

**A** 한국어 발음이 너무 나빠서 걱정이에요.

**B** 걱정하지 마세요. 저도 처음에는 발음이 나빴지만 많이 연습해서 좋아졌어요.

**A** 저도 열심히 연습하면 발음이 좋아질까요?

**B** 물론이지요. 연습하면 좋아질 거예요.

**A** I'm worried because my Korean pronunciation is so bad.

**B** Don't worry. My pronunciation was so bad at first, but it became much better because I practiced a lot.

**A** Will my pronunciation be better if I practice hard?

**B** Of course. If you practice, it will be better.

### Check it

1. 남자는 요즘 돈이 없어서 걱정이에요.
   [T] [F]
2. 여자는 지금도 한국어 발음이 나빠요.
   [T] [F]

Answer 1. [F] 2. [F]

### Grammar Points

**A/V-(으)ㄹ까요?**

'-(으)ㄹ까요?' is used to ask for opinions or guesses of the listener about something or someone. It is used when the speaker doesn't know about something or not sure about something.

- verb or adjective stems ending with a vowel + -ㄹ까요? : 비싸다 → 비쌀까요?
- verb or adjective stems ending with a consonant + -을까요? : 많다 → 많을까요?

▶ Grammar Reference p.151

**A/V-(으)ㄹ 거예요**

'-(으)ㄹ 거예요' is used to express speaker's guess.

- verb or adjective stems ending with a vowel + -ㄹ 거예요 : 비싸다 → 비쌀 거예요
- verb or adjective stems ending with a consonant + -을 거예요 : 많다 → 많을 거예요

▶ Grammar Reference p.151

## Practice

**1** Ask and answer as shown in the example.

복잡하다 — 지금 길이 복잡할까요? — 네, 복잡할 거예요.

1) 
재미있다 — 이 영화가 ______? — 네, ______.

2) 
날씨가 좋다 — 내일 ______? — 네, ______.

3) 
사람이 많다 — 백화점에 ______? — 네, ______.

4) 
맵다 — 이 음식이 ______? — 네, ______.

**2** Practice the conversation with your partner.

**A** 한국어 발음이 나빠서 걱정이에요.
**B** 걱정하지 마세요. 연습하면 발음이 좋아질 거예요.
**A** 어떻게 연습하면 좋을까요?
**B** 한국 사람하고 자주 이야기해 보세요.

1)

| 한국어 발음이 나쁘다 |
| --- |
| 연습하다 / 발음이 좋아지다 |
| 어떻게 연습하다 |
| 한국 사람하고 자주 이야기하다 |

2)

| 한국 친구가 없다 |
| --- |
| 동아리에 가입하다 / 한국 친구가 많아지다 |
| 어떤 동아리에 가입하다 |
| 태권도 동아리에 가입하다 |

3)

| 건강이 안 좋다 |
| --- |
| 운동하다 / 건강해지다 |
| 무슨 운동을 하다 |
| 수영이나 등산을 하다 |

4)

| 돈이 없다 |
| --- |
| 아르바이트를 하다 / 돈을 벌 수 있다 |
| 어떤 아르바이트를 하다 |
| 번역 아르바이트를 하다 |

Answer 1 1) 재미있을까요, 재미있을 거예요 2) 날씨가 좋을까요, 좋을 거예요 3) 사람이 많을까요, 많을 거예요 4) 매울까요, 매울 거예요

# Listening 듣기

TRACK 25

## 1. Listen and check(✓) if the statement is about the past or present.

| | 어렸을 때 | 지금 |
|---|---|---|
| 1) 텔레비전 보는 것을 좋아해요. | ☐ | ☐ |
| 2) 책 읽는 것을 좋아해요. | ☐ | ☐ |
| 3) 사람들하고 이야기하는 것을 좋아해요. | ☐ | ☐ |

## 2. Listen and choose the correct answer.

1) 요즘 한국의 날씨는 어때요?

① 

② 

③ 

2) 맞는 것을 고르세요.

① 마이클은 아직 친구가 없습니다.

② 마이클은 한국 생활이 재미있습니다.

③ 마이클은 지금 한국어 뉴스를 이해할 수 있게 되었습니다.

## 3. Listen and answer the questions.

1) 맞는 것을 고르세요.

① 진수 씨는 아들이 있습니다.

② 진수 씨는 회사에 다닙니다.

③ 진수 씨는 5년 전에 결혼했습니다.

2) 진수 씨는 결혼하고 무엇이 달라졌습니까? <u>모두</u> 고르세요.

① 집에 일찍 들어갑니다.

② 친구들을 자주 만납니다.

③ 부모님한테 자주 전화합니다.

**Answer** 1. 1) 어렸을 때 ✓ 2) 지금 ✓ 3) 어렸을 때 ✓ 2. 1) ① 2) ② 3. 1) ② 2) ①, ③

# Reading & Writing 읽기와 쓰기

**1. Read and mark O if it is true, and mark X if it is not true.**

| | |
|---|---|
| Subject | 저는 다음 달에 다시 고향으로 돌아갑니다 |
| Date | 2006/05/13 Friday AM 11:48:14 |
| From | michael@snu.co.kr |
| To | jhp@lei.com |

박지현 선생님!
안녕하세요? 그동안 어떻게 지내셨어요?

제가 한국에 처음 왔을 때는 날씨가 정말 추웠지만 이제는 많이 따뜻해졌습니다. 그때는 제가 한국어를 잘 못해서 정말 힘들었지만 이제는 한국어로 편지를 쓸 수 있게 되었습니다. 처음에는 한국 음식도 잘 못 먹어서 매일 빵을 먹었지만 요즘은 김치가 없으면 밥을 못 먹게 됐습니다. 네 달 동안 정말 큰 변화가 있었지요?

저는 다음 달에 다시 고향으로 돌아갑니다. 그래서 다음 주쯤에 선생님을 한 번 만나고 싶은데 시간이 있으세요? 연락을 기다리겠습니다.

마이클 올림

1) 마이클이 선생님한테 이메일을 썼습니다. ( )

2) 마이클은 지금도 한국 음식을 잘 못 먹습니다. ( )

3) 마이클은 다음 주에 고향으로 가게 되었습니다. ( )

**Words**

그동안 in the meantime / during that time　　주 week　　올림 yours very truly

## 2. Read the following article about the condition of Korea 100 years ago and the present days.

100년 전 한국은 어땠을까요? 1900년대에 한국 사람들은 한복을 입었습니다. 그리고 남자와 여자 모두 머리가 길었습니다. 100년 전에는 밥이 주식이었습니다. 아침, 점심, 저녁에 항상 밥을 먹었습니다. 그리고 고기보다 야채를 많이 먹었습니다. 집에는 '온돌' 이 있어서 추운 겨울에도 따뜻하게 지낼 수 있었습니다. 높은 건물은 없었습니다. 집에서는 할아버지와 할머니, 아버지와 어머니, 아이들이 모두 같이 살았습니다. 집안일은 여자 혼자 했습니다. 남자들은 집안일을 안 하고 밖에서 일했습니다.

100년 후, 한국은 많이 달라졌습니다. 요즘 한국 사람들은 한복을 별로 안 입게 되었습니다. 한복이 예쁘지만 조금 불편하기 때문에 특별한 날에만 한복을 입습니다. 그리고 요즘에는 아침, 점심, 저녁 모두 밥을 먹는 사람들이 적어졌습니다. 생활이 바쁘기 때문에 아침에는 빵을 먹는 사람들이 많아졌습니다. 그리고 옛날보다 고기를 많이 먹게 되었습니다. 집은 아주 많이 달라졌습니다. 높은 아파트가 많아졌는데 아파트 안에도 온돌이 있기 때문에 겨울에도 따뜻하게 지낼 수 있습니다. 요즘 한국에서는 할아버지, 할머니, 부모님과 아이들이 모두 같이 사는 집이 적어졌습니다. 결혼하면 부모님과 같이 안 사는 사람들이 많습니다. 그리고 남편과 아내가 모두 일하기 때문에 남편과 아내가 집안일을 같이 하게 되었습니다.

1) 맞으면 O, 틀리면 X 하세요.

① 100년 전에 한국 사람들은 남자와 여자 모두 머리가 길었습니다. (　　　)

② 100년 전 한국 사람들은 아침에 고기를 많이 먹었습니다. (　　　)

③ 요즘 아파트에는 온돌이 없어졌습니다. (　　　)

2) **2**의 내용을 다음 표에 써 보세요.

| 100년 전 | | |
|---|---|---|
| | 옷 | 한복을 입었습니다 |
| | 음식 | |
| | 집 | |
| | 가족 | |

**Words**

대 era / period
건물 building
주식 staple food
특별하다 special
온돌 ondol (hot floor)
아파트 apartment

## 3. Do the writing activities below using the previous excercise number 2 as a model.

1) 100년 후에 세상은 어떻게 달라질까요? 여러분의 생각을 다음 표에 써 보세요.

| 100년 후 | | |
|---|---|---|
| | 옷 | |
| | 음식 | |
| | 집 | |
| | 가족 | |

**Words**

세상 world

# Reading & Writing 읽기와 쓰기

2) 1)의 표를 보고 '100년 후 세상'에 대해서 써 보세요.

**Words**

-에 대해서 about

[Culture 문화]

## 타임캡슐

서울시는 서울이 수도가 된 지 600년이 된 것을 기념해서 1994년 11월 29일에 '서울 1000년 타임캡슐'을 만들었습니다. 이 타임캡슐은 서울 남산골에 있는데 타임캡슐 안에는 김치, 지하철 표, 유행하는 옷, 학교 시험지 등, 서울의 생활과 문화를 상징하는 물건 600점이 들어있습니다. 이 타임캡슐은 400년 후인 2394년 11월 29일에 개봉하는데 후손들은 이 물건들을 보고 400년 전 서울의 모습을 알 수 있게 됩니다.

▶ Translation p.159

**Now I can...**

- ☐ express the new fact that I have found out
- ☐ describe changes
- ☐ ask for and give opinions or guesses
- ☐ express guesses

in Korean.

# Additional Expressions 추가 표현

## From the cradle to the grave

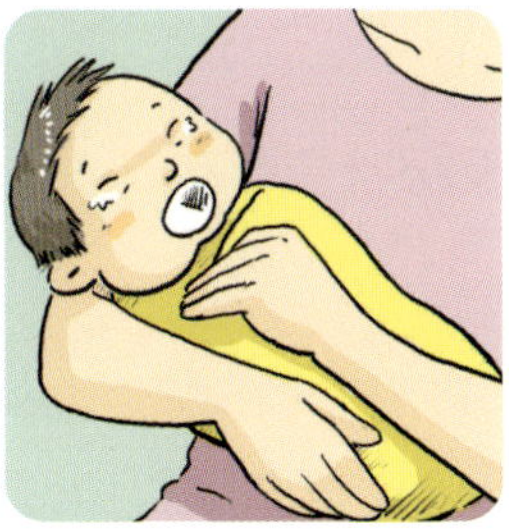

태어나다
to be born

걷다
to walk

학교에 다니다
to attend school

친구를 사귀다
to make friends

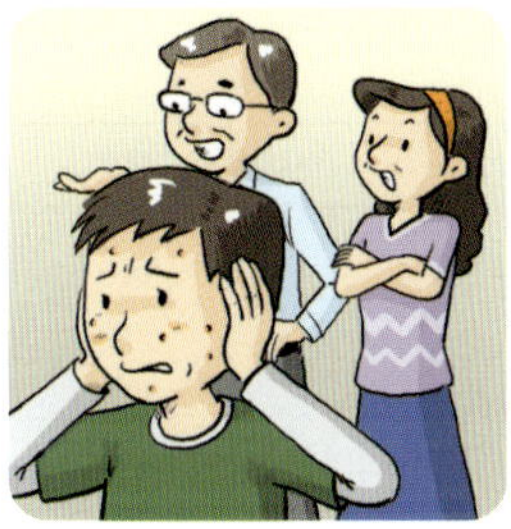

사춘기가 되다
to reach the age of puberty

사랑에 빠지다
to fall in love

취직하다
to get a job

결혼하다
to get married

아기를 낳다
to have a baby

주름살이 생기다
to get wrinkles

퇴직하다
to retire from one's job

죽다
to die

UNIT 7

# Information
# 정보

**In This Unit**

- Stating 서술하기
- Connecting two sentences in sequence 이어서 말하기

# 오늘신문

단기 4340년 (음력 12월 11일) today.com 제57423호 43판 2008년 1월 18일 금요일

## 버스 요금 오른다

## 외국어 배우면 똑똑해진다

**Warm Up** | **준비**

1. 한국 신문을 읽어 본 적이 있습니까?
2. 이 신문에서는 무슨 이야기를 하고 있습니까?

## Expressions 표 현

| | |
|---|---|
| 설날은 음력 1월 1일이다. | Seollal is the first day of the first lunar month. |
| 설날에 떡국을 먹는다. | People eat ddeokguk on Seollal. |
| 어제는 애니의 생일이었다. | Yesterday was Annie's birthday. |
| 직원과 경찰이 왔다. | The staff and a police officer came. |
| 내일 일찍 일어나서 회사에 갈 것이다. | I'll get up early tomorrow and go to work. |
| 남자는 이름을 말하지 않았다. | The man didn't tell his name. |

## Vocabulary 어 휘

### Vocabulary related to holidays

설날 Seollal (New Year's Day)
세배 New Year's bow
음력 The lunar calendar
떡국 ddeokguk (rice cake soup)
명절 holiday

### Vocabulary related to movement

올라가다 to climb
내려가다 to go down
내려오다 to come down
돌아오다 to come back
들어오다 to come in

### Nouns

외국어 foreign language
시민 citizen
선로 railroad / railway
경찰 police
관악산 Gwanaksan
수업 class
불편 inconvenience
선물 gift
어른 adult / grown-up person
신림역 Sillim Station
열차 train
끝 end
소방관 fire fighter
물탱크 water tank
엘리베이터 elevator
경치 view
승객 passenger
역 station
불 fire
샌드위치 sandwich
주민 resident
글 writing

### Verbs

오르다 to go up (price)
물어보다 to ask
주차하다 to park
지각하다 to be late
끄다 to turn off
점검하다 to inspect / to check
구하다 to save
꺼지다 to be put out

### Adjectives

똑똑하다 clever / bright
젊다 young
밤늦다 late at night
외롭다 lonely
용감하다 brave
고맙다 grateful / appreciated

### Others

모 a certain person / Mr. X
간단히 simply / easily / briefly

### Words that go together

불이 나다 to get a fire break out
수업을 듣다 to take a class
불을 끄다 to put out a fire
불이 꺼지다 to get a fire put out

# Key Expressions 본문

## Stating (1)

TRACK 26

설날은 음력 1월 1일이다. 설날은 한국 사람들에게 제일 큰 명절이다. 설날에 한국 사람들은 가족들을 만나러 고향에 간다. 설날 아침에는 한복을 입고 어른들에게 세배를 한다. 그리고 떡국을 먹는다.

Seollal is the first day of the first lunar month. Seollal is the biggest holiday for Korean people. Korean people go to their hometown to see their family on Seollal. They perform a New Year's bow wearing hanbok in front of the elders in the morning of Seollal. And they eat ddeokguk.

### Check it

1. 설날은 언제예요?
   ① 음력 1월 1일 ② 음력 8월 15일
2. 한국 사람들은 설날에 한복을 입어요.
   T F

Answer 1. ① 2. T

### Grammar Points

**A-다, V-ㄴ다/는다, N(이)다**

'-다, -ㄴ다/는다, -(이)다' are used in stating sentences for explanation, newspaper article, diary and etc. instead of '-아요/어요' or '-ㅂ/습니다'. For the present tense, it is used as follows.

In case of adjectives,
- adjective stems + -다 : 따뜻하다 → 따뜻하다

In case of verbs,
- verb stems ending with a vowel + -ㄴ다 : 가다 → 간다
- verb stems ending with a consonant + -는다 : 먹다 → 먹는다

In case of nouns,
- nouns ending with a vowel + -다 : 학교 → 학교다
- nouns ending with a consonant + -이다 : 학생 → 학생이다

▶ Grammar Reference p.151

### [Culture 문화]

**명절 음식**

한국에서 설날과 추석은 중요한 명절이다. 설날은 한 해를 시작하는 날로 이 날 한국 사람들은 떡국을 먹는다. 나이가 많아지는 것을 '나이를 먹다'라고 하는데 떡국을 한 그릇 먹으면 나이를 한 살 더 먹는다고 한다. 추석은 음력 8월 15일인데 추수를 한 후에 조상들에게 감사하는 날이다. 추석에는 가족들이 모여서 함께 '송편'이라는 반달 모양의 떡을 만든다. 송편을 예쁘게 만들면 예쁜 딸을 낳는다고 한다.

▶ Translation p.159

## Practice

**1** Change the following using '-ㄴ/는다', '-다', '-(이)다'.

가요 → 간다

1) 와요 → ________ 2) 읽어요 → ________

3) 맛있어요 → ________ 4) 추워요 → ________

5) 학생이에요 → ________ 6) 친구예요 → ________

**2** Talk about your country's holidays with your classmates. Write a short composition introducing one of the holidays.

| 이름/나라 <br> 질문 | / | / | / |
|---|---|---|---|
| 제일 큰 명절이 뭐예요? | | | |
| 그 명절은 언제예요? | | | |
| 무슨 음식을 먹어요? | | | |
| 어떤 옷을 입어요? | | | |
| 무슨 일을 해요? | | | |
| | | | |

Answer 1 1) 온다 2) 읽는다 3) 맛있다 4) 춥다 5) 학생이다 6) 친구다

# Key Expressions 본문

## Stating (2)

TRACK 27

3월 8일 월요일

어제는 애니의 생일이었다. 우리는 애니의 집에 가서 밤늦게까지 파티를 했다. 그래서 나는 오늘 9시에 일어났다. 너무 늦게 일어나서 회사에 지각했다. 내일은 아침 8시에 회의가 있다. 나는 내일 일찍 일어나서 회사에 갈 것이다.

Monday, March 8th

Yesterday was Annie's birthday. We went to Annie's house and had a party until late at night. So I got up at 9 this morning. I was late to work because I got up too late. I have a meeting at 8 o'clock tomorrow morning. I will get up early and go to work tomorrow.

**Check it**

1. 오늘 아침에 일찍 일어났어요.
   T  F
2. 오늘 회의에 늦었어요.
   T  F

Answer 1. F 2. F

### Grammar Points

**A/V-았/었다, N-였다/이었다**

The past tense form of stating sentence endings are as follows.

In case of verbs or adjectives,
- verb or adjective stem's last vowels ending with 'ㅏ' or 'ㅗ' + -았다 : 오다 → 왔다
- verbs or adjectives ending with '하다', 하다 → 했다 : 공부하다 → 공부했다
- In all other cases, add '-었다' : 먹다 → 먹었다

In case of nouns,
- nouns ending with a vowel + -였다 : 학교 → 학교였다
- nouns ending with a consonant + -이었다 : 생일 → 생일이었다

▶ Grammar Reference p.152

**V-(으)ㄹ 것이다, V-겠다**

'-(으)ㄹ 것이다' is used for the future tense form of stating sentence endings of '-(으)ㄹ 거예요'.
- verb stems ending with a vowel + -ㄹ 것이다 : 가다 → 갈 것이다
- verb stems ending with a consonant + -을 것이다 : 읽다 → 읽을 것이다

'-겠다' is used in case of '-겠어요' and '-겠습니다' : 가다 → 가겠다

▶ Grammar Reference p.152

**S-아서/어서 S'**

'S-아서/어서 S'' is used to connect two sentences in sequence. It is used when the first sentence is closely related to the second sentence. The first sentence is usually the method, way, or background of the second sentence.
- verb stem's last vowels ending with 'ㅏ' or 'ㅗ'+ -아서 : 만나다 → 만나서
- verbs ending with '하다', 하다 → 해서 : 요리하다 → 요리해서
- In all other cases, add '-어서' : 만들다 → 만들어서

애니를 만났어요. + 점심을 먹었어요. → 애니를 만나서 점심을 먹었어요.

▶ Grammar Reference p.152

## Practice

**1** Rewrite the underlined parts using '–다'.

5월 4일 금요일

오늘 민수 씨와 같이 산에 1) 갔어요 (          ). 산에 올라가서 경치를 2) 구경했어요 (          ). 경치가 참 3) 아름다웠어요 (          ). 우리는 산에서 내려와서 점심을 4) 먹었어요 (          ). 다음 주말에 우리는 또 산에 5) 갈 거예요 (          ).

**2** Connect two sentences using '–아서/어서' as shown in the example below.

극장에 갔어요. + 영화를 봤어요. → 극장에 가서 영화를 봤어요.

1) 친구가 우리 집에 왔어요. + 같이 숙제를 했어요. → ______________________.
2) 불고기를 만들었어요. + 불고기를 먹었어요. → ______________________.
3) 꽃을 샀어요. + 꽃을 친구한테 줬어요. → ______________________.
4) 친구를 만났어요. + 같이 커피를 마셨어요. → ______________________.

**3** Talk about what you did today with your classmate. Write a journal about it in the form of a diary.

- 오전에 뭘 했어요?
- 누구를 만났어요?
- 어디에 갔어요?
- 어땠어요?
- 오후에 뭘 했어요?

_____ 월 _____ 일 _____ 요일

________________________________________

________________________________________

________________________________________

________________________________________

**Answer** **1** 1) 갔다 2) 구경했다 3) 아름다웠다 4) 먹었다 5) 갈 것이다 **2** 1) 친구가 우리 집에 와서 같이 숙제를 했어요 2) 불고기를 만들어서 먹었어요 3) 꽃을 사서 친구한테 줬어요 4) 친구를 만나서 같이 커피를 마셨어요

# Key Expressions 본문

## Stating (3)

TRACK 28

### 용감한 시민

어제 오후 8시 서울 신림역에서 승객 김 모 씨가 지하철 선로 위에 떨어졌다. 열차가 역으로 들어오고 있었다. 그때 한 젊은 남자가 선로 위로 내려가서 김 모 씨를 구했다. 지하철역 직원과 경찰이 그 남자에게 이름을 물어봤지만 남자는 끝까지 이름을 말하지 않았다.

Brave citizen

At 8 pm yesterday, Mr. Kim fell down on the railways at Sillim Station. The train was coming into the station. At that time, a young man came down to the railways and saved Mr. Kim. The staff of the subway station and police officers asked what his name is, but he never told his name.

**Check it**

1. 김 모 씨가 젊은 남자를 구했어요.
   T F
2. 젊은 남자는 사람들에게 이름을 말해 줬어요.
   T F

Answer 1. F 2. F

**Grammar Points**

### N와/과 N'

To combine a noun with another noun, '와/과' is used in the formal or objective text instead of '하고'.

- nouns ending with a vowel + -와 : 친구와 동생
- nouns ending with a consonant + -과 : 동생과 친구

▶ Grammar Reference p.153

### A/V-지 않다

'-지 않다' is used to express negation and is added to a verb or adjective stem.

먹다 → 먹지 않아요

고기를 먹지 않아요. = 고기를 안 먹어요.

▶ Grammar Reference p.153

## Practice

**1** Circle the correct particle.

1) 아침에 빵( 와 / 과 ) 우유를 먹었다.
2) 영어( 와 / 과 ) 일본어를 공부했다.
3) 꽃( 와 / 과 ) 과일을 샀다.
4) 민수 씨( 와 / 과 ) 애니 씨가 같이 영화를 봤다.

**2** Rewrite the sentences using '-지 않다' as shown in the example.

고기를 안 먹어요. → 먹지 않아요.

1) 학교에 안 가요. → ____________.
2) 날씨가 안 추워요. → ____________.
3) 친구를 안 만났어요. → ____________.
4) 술을 안 마실 거예요. → ____________.

**3** Look at the pictures and find out what happened. Write a newspaper article about it.

08:00 관악산, 불이 나다 → 김민수 씨 → 119 → 08:30 소방관이 오다 → 불을 끄다 → 09:40 불이 꺼지다

Answer **1** 1) 과 2) 와 3) 과 4) 와 **2** 1) 가지 않아요 2) 춥지 않아요 3) 만나지 않았어요 4) 마시지 않을 거예요

# Listening 듣기

TRACK 29

**1. Listen and write the number of the pictures in the order for Jaemin's schedule today.**

①

②

③

④

⑤

⑥

③ → ____ → ____ → ____ → ____ → ____

**2. Listen to the announcement. Mark O if the statement is true, and mark X if the statement is not true.**

1) 수요일에 3시간 동안 물이 안 나온다. (　　　)

2) 내일 오전에 1층 주차장에 주차하면 안 된다. (　　　)

3) 10일 오후 5시부터 엘리베이터를 탈 수 없다. (　　　)

**3. Listen to the radio program and answer the questions.**

1) 애니 씨는 왜 이 편지를 보냈습니까?

① 외로워서
② 미안해서
③ 고마워서

2) 맞는 것을 고르세요.

① 애니 씨는 혼자 살고 있다.
② 애니 씨 가족들이 한국에 왔다.
③ 애니 씨는 4달 전에 미국에서 왔다.

Answer 1. 1) ③, ①, ⑥, ②, ⑤, ④
2. 1) O 2) X 3) X 3. 1) ③ 2) ①

# Reading & Writing 읽기와 쓰기

**1. Read the articles below and write the number of matching picture.**

1) 김말순 씨(60세)는 20년 전에 잃어버린 딸 이유진 씨(30세)를 찾았다. 김말순 씨는 20년 전에 서울역에서 이유진 씨를 잃어버렸다. 김말순 씨가 이유진 씨를 잃어버렸을 때 이유진 씨는 10살 아이였는데 이제 두 아이의 어머니가 되었다.

2) 이수지 씨(40세)와 친구들은 초등학교 1학년 때의 선생님을 찾았다. 초등학교 친구들은 이제 40살 아주머니가 되었고, 선생님은 62살 할머니가 되었다. 그러나 마음은 32년 전과 같다.

3) 김미영 씨(45세)는 초등학교 때의 친구들을 다시 만났다. 김미영 씨는 초등학교 졸업 후에 미국에 가서 지금까지 친구들을 못 만났다. 김미영 씨는 친구들이 너무 보고 싶어서 텔레비전 프로그램에 나왔다. 그 프로그램에서 초등학교 친구 4명을 다시 만날 수 있었다.

①

②

③

④

**Words**

세 – years old (counting unit for age)　초등학교 elementary school　학년 school year / grade

# Reading & Writing 읽기와 쓰기

## 2. Read the newspaper article and answer the questions.

'어떤 사람과 같이 일하고 싶습니까?' 서울컴퓨터 직원 800명에게 물어보았다. 그 결과 '재미있는 사람' (48.3%)이 가장 인기가 있었다. 그 다음으로는 '다른 사람을 먼저 생각하는 사람' (29.5%), '일을 잘하는 사람' (15.2%), '잘 웃는 사람' (5.1%)의 순서였다.

'어떤 사람과 같이 일하고 싶지 않습니까?' 이 질문에는 '약속을 안 지키는 사람' 이 52.3%로 가장 많았다. 다음으로 '일 못 하는 사람' (25.5%), '눈치가 없는 사람' (12.8%), '돈 안 내는 사람' (8.4%)의 순서였다.

1) 맞지 <u>않는</u> 것을 고르세요.

① 컴퓨터 회사 직원들에게 물어보았다.
② 약속을 잘 지키는 사람이 인기가 있었다.
③ 직원들은 재미있는 사람을 제일 좋아했다.

2) 어떤 사람과 같이 일하고 싶지 않습니까? 맞는 그래프를 고르세요.

①
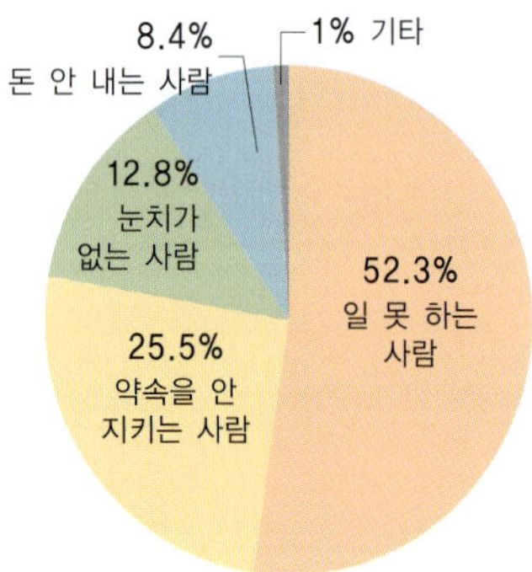


②
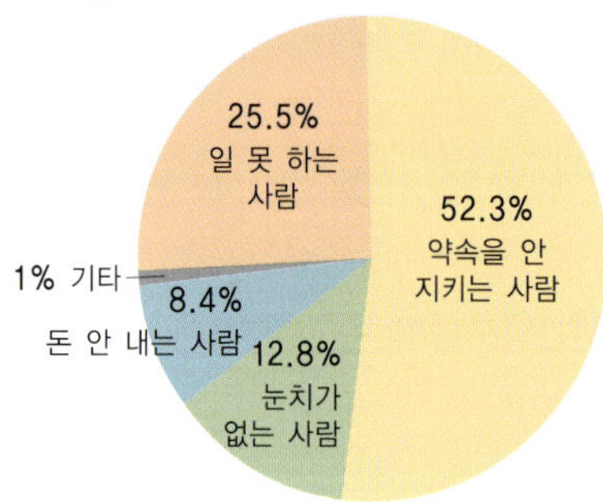


③
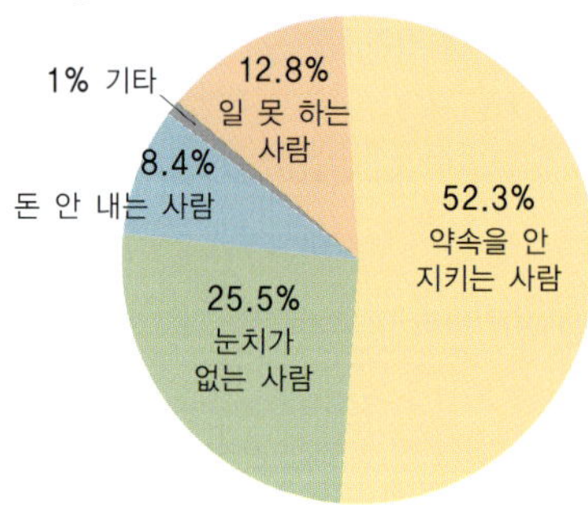


**Words**

| | | |
|---|---|---|
| 인기가 있다 popular | 순서 order | 약속을 지키다 to keep the promise |
| 눈치가 없다 slow-witted | 그래프 graph | 기타 others |

**Answer** 1. 1) ④ 2) ① 3) ② 2. 1) ② 2) ②

**3. Do the writing activities below using the previous excercise number 2 as a model.**

1) 무엇을 조사하고 싶습니까? 하나를 골라서 친구들에게 물어보세요.

① 어떤 사람과 결혼하고 싶습니까?
② 어떤 사람과 결혼하고 싶지 않습니까?

① 어떤 회사에 다니고 싶습니까?
② 어떤 회사에 다니고 싶지 않습니까?

① ______________________________?
② ______________________________?

| 질문 / 이름 | ① | ② |
|---|---|---|
| | | |
| | | |
| | | |
| | | |
| | | |
| | | |
| | | |
| | | |
| | | |

## Reading & Writing 읽기와 쓰기

2) 1)에서 친구들에게 물어본 결과를 그래프로 만들어 보세요.

①

②

3) 2)의 결과를 신문 기사로 만들어 보세요.

**Words**

기사 article

**Now I can...**

- ☐ write an objective description
- ☐ connect sentences in order of time sequence
- ☐ express negation

in Korean.

# Additional Expressions 추가 표현

## Newspaper

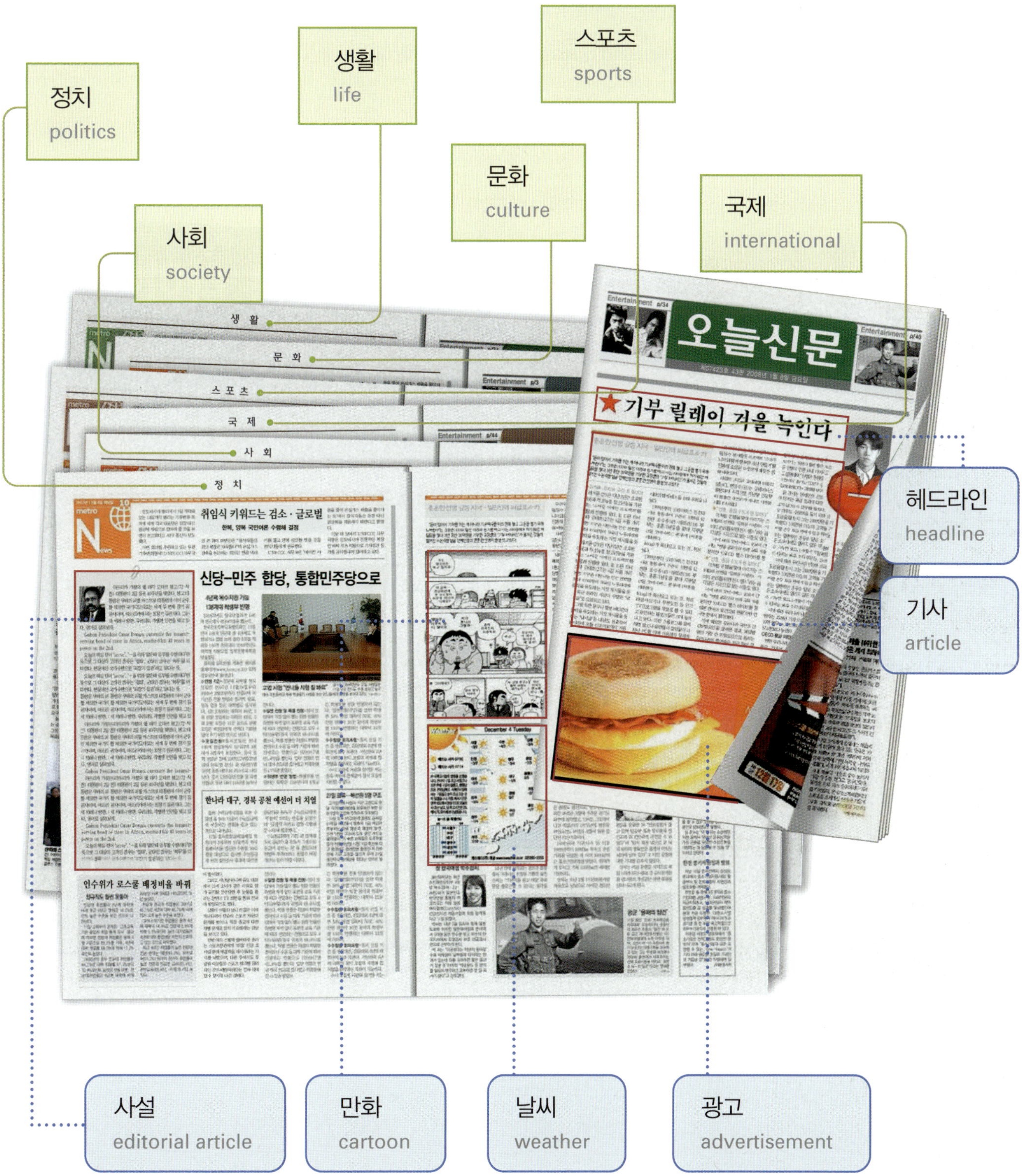

UNIT 8

# True and False
# 진실과 거짓

**In This Unit**

- Indirect speech 간접 화법
- Expressing guesses 추측하여 말하기

**Warm Up** | **준비**

1. 이것을 본 적이 있어요?
2. 이것들에 대해서 어떤 이야기를 들어 봤어요?

## Expressions 표 현

| | |
|---|---|
| 저 식당 음식이 맛있다고 해요. | I've heard that the food of that restaurant is delicious. |
| 미사코 씨는 못 간다고 했어요. | Misako said that she couldn't go. |
| 맛있을 것 같아요. | I guess it is delicious. |
| 그 얘기 들었어요? | Have you heard about it? |

## Vocabulary 어 휘

### Nouns

도시락 lunch box
주인 owner
맛 taste
아이스커피 iced coffee
어젯밤 last night
교통사고 traffic accident
일기 예보 weather report
대학원생 graduate school student

### Verbs

어울리다 to match / to suit
사귀다 to go out with / to make friends
휴학하다 to withdraw from school temporarily
취직하다 to get a job
주문하다 to order

### Adjectives

달다 sweet
흐리다 cloudy

### Others

편 episode
분명히 for sure / for certain
곧 soon
갑자기 suddenly
참 ah!
먼저 first
내년 next year

### Words that go together

교통사고가 나다 to have a traffic accident

# Key Expressions 본문

## Indirect speech (1)

TRACK 30

**A** 벌써 점심시간이 되었네요.

마이클 씨, 점심 먹으러 어디로 갈까요?

**B** 회사 뒤에 있는 식당으로 가요.

미사코 씨가 음식이 아주 맛있다고 했어요.

**A** 식당 이름이 뭐예요?

**B** 서울식당이라고 했어요.

**A** 그런데 미사코 씨는 어디에 있어요? 미사코 씨는 점심 먹으러 안 가요?

**B** 네. 미사코 씨는 다른 약속이 있어서 못 간다고 했어요.

**A** It's almost lunch time already. Michael, where shall we have lunch?

**B** Let's go to the restaurant behind our company.

Misako said that the food there is very good.

**A** What's the name of the restaurant?

**B** She said it's Seoul Restaurant.

**A** By the way, where is Misako? Isn't she going for lunch?

**B** No. She said that she couldn't go for lunch because she had other appointment.

### Check it

1. 마이클 씨는 이 식당에 가 봤다.
   T F
2. 마이클 씨와 미사코 씨는 같이 점심을 먹을 것이다.
   T F

Answer 1. F 2. F

### Grammar Points

**A-다고 하다, V-ㄴ/는다고 하다, N-(이)라고 하다**

How to tell someone what other person said is expressed as stated below.

애니 : "음식이 아주 맛있어요." → 애니 씨가 음식이 아주 맛있다고 했어요.

When the sentence to quote is in the present tense, it is used as stated below.

- adjective stem + -다고 하다 : 맛있다 → 맛있다고 했어요
- verb stem + -ㄴ/는다고 하다 : 가다 → 간다고 했어요
- noun + -(이)라고 하다 : 학생 → 학생이라고 했어요

▶ Grammar Reference p.153

### Notes

'N이/가 되다' is used to express a time has been arrived or the changes of a situation or a condition.

여름이 되었어요. / 날씨가 더워서 얼음이 물이 되었다.

Note that the answers to negative questions are different from English usage.

A : 안 바빠요? Aren't you busy? B : 네, 안 바빠요. No, I'm not. / 아니요, 바빠요. Yes, I am.

## Practice

### ❶ Change the following as shown in the example.

미사코 : "매운 음식을 잘 못 먹어요." → 미사코 씨가 매운 음식을 잘 못 먹는다고 했어요.

1) 마이클 : "한국어가 아주 재미있어요." → ______________________.

2) 웨이 : "저는 주말에 산에 가요." → ______________________.

3) 크리스 : "오늘은 날씨가 추워요." → ______________________.

4) 지영 : "주말에는 일하지 않아요." → ______________________.

5) 레오 : "오늘은 바쁘지 않아요." → ______________________.

6) 제니 : "회의가 2시예요." → ______________________

7) 미카엘 : "저는 피자를 먹고 싶어요." → ______________________.

8) 소피 : "켈리 씨는 음식을 잘 만들어요." → ______________________.

### ❷ Practice the conversation with your partner.

**A** 점심 먹으러 어디로 갈까요?

**B** 회사 뒤에 있는 식당으로 가요. 미사코 씨가 음식이 아주 맛있다고 했어요.

**A** 식당 이름이 뭐예요?

**B** 서울식당이라고 했어요.

**A** 그런데 미사코 씨는 어디에 있어요? 미사코 씨는 점심 먹으러 안 가요?

**B** 네, 미사코 씨는 다른 약속이 있어서 못 간다고 했어요.

| 1) | 2) | 3) | 4) |
|---|---|---|---|
| 음식이 아주 맛있어요 | 아주 유명해요 | 새 식당이라서 깨끗해요 | 주인이 아주 친절해요 |
| 서울식당 | 또와분식점 | 서울에서 제일 맛있는 집 | 수원갈비 |
| 다른 약속이 있어서 못 가요 | 머리가 아파서 병원에 가요 | 도시락이 있어서 안 가요 | 일이 많아서 일을 해야 돼요 |

Answer ❶ 1) 마이클 씨가 한국어가 아주 재미있다고 했어요 2) 웨이 씨가 주말에 산에 간다고 했어요 3) 크리스 씨가 오늘은 날씨가 춥다고 했어요 4) 지영 씨가 주말에는 일하지 않는다고 했어요 5) 레오 씨가 오늘은 바쁘지 않다고 했어요 6) 제니 씨가 회의가 2시라고 했어요 7) 미카엘 씨가 피자를 먹고 싶다고 했어요 8) 소피 씨가 켈리 씨는 음식을 잘 만든다고 했어요

# Key Expressions 본문

## Expressing guesses

TRACK 31

**A** 마이클 씨, 우리 뭘 먹을까요?

**B** 비빔밥 어때요? 맛있을 것 같아요.

**A** 좋아요. 여기 비빔밥 두 그릇 주세요.

• • •

**B** 웨이 씨, 맛이 어때요?

**A** 그저 그래요. 미사코 씨가 말한 식당이 여기가 맞아요? 별로 맛이 없는 것 같네요.

**B** 여기가 맞는 것 같은데…….

**A** Michael, what shall we have?

**B** How about bibimbap? I guess it will be good.

**A** OK. Two bowls of bibimbap here, please.

· · ·

**B** Wei, how is it?

**A** So-so. Is this the restaurant that Misako talked about? I guess it isn't so good.

**B** I guess this is the one.

### Check it

1. 미사코 씨는 이 식당에 대해서 말한 적이 있다.

   T  F

2. 두 사람은 비빔밥을 맛있게 먹었다.

   T  F

Answer 1. T 2. F

### Grammar Points

**~것 같다**

'~것 같다' is used to express the speaker's guess about an incident or a condition.

In case of verbs,
'V-는 것 같다' is used for present tense. : 비가 오다 → 비가 오는 것 같다
'V-(으)ㄴ 것 같다' is used for past tense. : 비가 오다 → 비가 온 것 같다
'V-(으)ㄹ 것 같다' is used for future tense. : 비가 오다 → 비가 올 것 같다

In case of adjectives,
'A-(으)ㄹ 것 같다' is used when the guess has a weak basis. : 크다 → 클 것 같다
'A-ㄴ/은 것 같다' is used when the guess has a solid basis. : 크다 → 큰 것 같다

▶▶ Grammar Reference p.154

## Practice

**1** Discuss your guesses about the pictures below using the expressions below.

A-(으)ㄴ 것 같다　　V-는 것 같다　　V-(으)ㄴ 것 같다　　A/V-(으)ㄹ 것 같다

**2** Practice the conversation with your partner.

**A** 뭐 먹을까요?

**B** 비빔밥이 맛있을 것 같아요.

• • •

**A** 어때요?

**B** 맛있어요. 그런데 좀 매운 것 같아요.

| 1) |
|---|
| 뭐 먹다 |
| 비빔밥이 맛있다 |
| 맛있다 |
| 좀 맵다 |

| 2) |
|---|
| 뭐 마시다 |
| 아이스커피가 시원하다 |
| 맛있다 |
| 너무 달다 |

| 3) |
|---|
| 뭐 보다 |
| '거미 아저씨 2'가 재미있다 |
| 괜찮다 |
| 1편보다 재미없다 |

| 4) |
|---|
| 어떤 구두를 사다 |
| 저 빨간색 구두가 잘 어울리다 |
| 예쁘다 |
| 크다 |

# Key Expressions 본문

## Indirect speech (2)

TRACK 32

**A** 웨이 씨, 그 얘기 들었어요? 지현 씨가
아파서 사흘 전에 입원했다고 해요.

**B** 정말요? 어제 백화점에서 지현 씨를 봤어요.

**A** 웨이 씨가 잘못 본 것 같은데요.
지현 씨는 아파서 일주일쯤 입원할 거라고 했어요.

**B** 이상하네요. 분명히 지현 씨였는데…….

A Wei, have you heard about it? I've heard that Jihyeon is sick, so she was admitted to hospital three days ago.

B Really? I saw her at the department store yesterday.

A I don't think you saw her.
She said she was sick so she would be in the hospital for about a week.

B That's strange. It was Jihyeon for certain.

### Check it

1. 웨이 씨는 백화점에 갔다.
   T F

2. 두 사람은 지현 씨를 만나러 병원에 갔다 왔다.
   T F

Answer 1. T 2. F

### Grammar Points

**A/V-았/었다고 하다**

'-았/었다고 하다' is used when the sentence to quote is in the past tense.

- verb or adjective stems ending with 'ㅏ' or 'ㅗ' + -았다고 하다 : 왔어요 → 왔다고 했어요
- verb or adjective ending with '하다', 하다 → 했다고 하다 : 공부했어요 → 공부했다고 했어요
- in all other cases, add '-었다고 하다' : 먹었어요 → 먹었다고 했어요

▶ Grammar Reference p.155

**A/V-(으)ㄹ 거라고 하다, V-겠다고 하다**

'-(으)ㄹ 거라고 하다' and '-겠다고 하다' are used when the sentence to quote is in the future tense.

To change a sentence ending in '-(으)ㄹ 거예요' into indirect speech, '-(으)ㄹ 거라고 하다' is used.

갈 거예요 → 갈 거라고 했어요 / 읽을 거예요 → 읽을 거라고 했어요

To change a sentence ending in '-겠습니다' or '-(으)ㄹ게요' into indirect speech, '-겠다고 하다' is used.

전화하겠습니다 → 전화하겠다고 했어요 / 살게요 → 사겠다고 했어요

▶ Grammar Reference p.155

### Notes

'-고 해요' is usually used to quote from a general fact or widely known fact which are from unidentified sources.

김치가 몸에 좋다고 해요. / 저 식당이 맛있다고 해요.

## Practice

**1** Change the following as shown in the example.

미사코
오늘 김 선생님을 만날 거예요. → 미사코 씨가 오늘 김 선생님을 만날 거라고 했어요.

1) 
웨이
내일은 늦지 않겠습니다. → ______________________.

2) 
애니
피곤해서 숙제를 못 했어요. → ______________________.

3) 
재민
어제는 너무 추웠어요. → ______________________.

4) 
소피
이번 시험은 어려울 거예요. → ______________________.

5) 
수지
내년 방학에 한국에 올 거예요. → ______________________.

6) 
제니
저는 비빔밥을 먹을게요. → ______________________.

**2** Practice the conversation with your partner.

**A** 그 얘기 들었어요? 지현 씨가 아파서 3일 전에 입원했다고 해요.

**B** 정말요? 몰랐어요.

**A** 일주일쯤 입원할 거라고 했어요.

| 1) | 지현 씨 / 아파서 3일 전에 입원했어요<br>일주일쯤 입원할 거예요 | 2) | 애니 씨 / 1년 전부터 재민 씨와 사귀었어요<br>곧 결혼할 거예요 |
|---|---|---|---|
| 3) | 재민 씨 / 갑자기 건강이 안 좋아졌어요<br>휴학할 거예요 | 4) | 크리스 씨 / 한국 회사에 취직했어요<br>다음 주에 한국에 올 거예요 |

Answer **1** 1) 웨이 씨가 내일은 늦지 않겠다고 했어요 2) 애니 씨가 피곤해서 숙제를 못 했다고 했어요 3) 재민 씨가 어제는 너무 추웠다고 했어요 4) 소피 씨가 이번 시험은 어려울 거라고 했어요 5) 수지 씨가 내년 방학에 한국에 올 거라고 했어요 6) 제니 씨가 비빔밥을 먹겠다고 했어요

# Listening 듣기

TRACK 33

**1. It's Wei's birthday party today. Her friends haven't arrived yet. Listen to the reasons why Wei's friends are late or can't come to the party. Match each person's name with his/her reason.**

1) 마이클  2) 애니  3) 미사코  4) 크리스

①
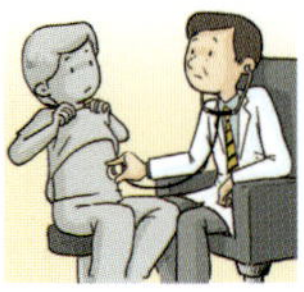
②

③

④

⑤

**2. Suji left a message on Wei's cell phone. Mark O if it is true, and mark X if it is not true.**

1) 수지 씨가 조금 늦을 거라고 했어요. (  )
2) 수지 씨 차가 교통사고가 났다고 했어요. (  )
3) 재민 씨는 못 올 거라고 했어요. (  )

**3. Listen and choose the correct answer.**

1) 두 사람은 어디에서 이야기하고 있어요?

①

②

③

2) 맞는 것을 고르세요.

① 지금 비가 오고 있다.

② 미사코 씨는 못 온다고 했다.

③ 여자는 오늘 30살 생일 파티를 할 것이다.

Answer 1. 1) ③ 2) ① 3) ④ 4) ② 2. 1) O 2) X 3) X 3. 1) ② 2) ③

# Reading & Writing 읽기와 쓰기

**1. Suji saw the following on the notice-board. Read and answer.**

## 한국 친구를 찾습니다.

안녕하세요? 저는 한국대학교에서 공부하고 있는 일본 학생입니다. 1년 동안 한국어를 공부했는데 말하기를 잘 못해서 한국 학생과 같이 말하기 연습을 하고 싶습니다. 저에게 한국어를 가르쳐 주세요. 저는 일본어를 가르쳐 드리겠습니다. 저는 화요일과 목요일에 시간이 있습니다. 관심이 있으신 분은 아래 번호로 연락해 주세요.

휴대 전화 : 014-888-5488

014-888-5488 | 014-888-5488 | 014-888-5488 | 014-888-5488 | 014-888-5488 | 014-888-5488 | 014-888-5488 | 014-888-5488 | 014-888-5488

1) 맞으면 O, 틀리면 X 하세요.

① 이 학생은 한국어를 배운 적이 없다. (　　　)

② 이 학생은 같이 공부할 일본 친구를 찾고 있다. (　　　)

# Reading & Writing 읽기와 쓰기

2) 수지 씨는 게시판 글을 보고, 재민 씨에게 이야기했습니다. 수지 씨가 재민 씨에게 이야기한 것을 써 보세요.

수지 : 재민아! 너 일본어 배우고 싶다고 했지? 오늘 게시판 봤어?

재민 : 아니. 왜?

수지 : 내가 오늘 게시판을 봤는데, 일본 학생이 한국어를 배우고 싶다고 했어. 그 학생은 한국 학생과 같이 ______________________ 고 했어. 그리고 한국어를 가르쳐주면 일본어를 가르쳐 주겠다고 했어. 화요일과 목요일에 ______________ 고 했어.

재민 : 어, 좋은 기회인 것 같은데…….

수지 : 전화번호가 ______________ 고 했어. 관심 있으면 한번 연락해 봐.

**Words**

| | | |
|---|---|---|
| 연습 practice | 연락하다 to contact | 게시판 notice-board |

## 2. Read the article below and fill in the blanks.

**인 터 뷰**

이번 주 '대학인'에서는 한국대학교에 다니고 있는 미카 씨를 만났다. 미카 씨는 몽골에서 왔는데 3년 전에 한국대학교에 입학해서 경영학을 전공하고 있다. 미카 씨는 한국의 무역 회사에서 일하고 싶어서 한국대학교 경영학과에 입학했다고 한다. 한국에서 살 때 어떤 것이 제일 힘들었을까? 처음에는 음식이 제일 힘들었다고 한다. 한국 음식이 입에 맞지 않아서 자주 빵을 먹었다고 한다. 그러나 지금은 삼겹살도 잘 먹게 되었다고 한다. 지금 4학년인 미카 씨는 열심히 취업 준비를 하고 있다. 미카 씨는 한국 무역 회사에서 꼭 일하고 싶다고 말하고 밝게 웃었다. 자신의 꿈을 사랑하는 미카 씨에게는 밝은 미래가 있을 것이다.

**Answer** 1. 1) ① X ② X 2) 말하기 연습을 하고 싶다, 시간이 있다, 014-888-54880이다

| 이 름 | | |
|---|---|---|
| 전 공 | | 경영학 |
| 인터뷰 질문 1 | | |
| 인터뷰 질문 2 | | |
| 인터뷰 질문 3 | | |
| 인터뷰 후 기자의 생각 | | 자신의 꿈을 사랑하는 미카 씨에게 밝은 미래가 있을 것이다. |

**Words**

- 인터뷰 interview
- 경영학 Business administration
- 입에 맞다 to suit one's taste
- 준비 preparation
- 몽골 Mongolia
- 무역 trade
- 취업 getting a job
- 자신 one's own self
- 입학하다 to enter (a school)
- 경영학과 department of Business administration

**3. Do the writing activities below using the previous excercise number 2 as a model.**

1) 기자가 되어서 친구를 인터뷰하고 다음 표에 써 보세요.

| 이 름 | | |
|---|---|---|
| 전 공 | | |
| 인터뷰 질문 1 | | |
| 인터뷰 질문 2 | | |
| 인터뷰 질문 3 | | |
| 인터뷰 후 기자의 생각 | | |

# Reading & Writing 읽기와 쓰기

2) 1)의 표를 보고 인터뷰 기사를 써 보세요.

인 터 뷰

사진

[Culture 문화]

## 입이 가벼워요? 입이 무거워요?

주변에 다른 사람의 비밀 이야기를 함부로 하는 사람이 있습니까? 이런 사람은 믿을 수 없기 때문에 비밀 이야기를 할 수 없게 됩니다. 이렇게 비밀을 잘 안 지키는 사람을 가리켜 '입이 가볍다'고 합니다. 반대로 들은 이야기를 다른 사람에게 말하지 않고 비밀을 잘 지키는 사람은 '입이 무겁다'고 합니다. 여러분은 입이 가벼운 사람입니까? 무거운 사람입니까?

▶ Translation p.159

**Now I can...**

- ☐ tell someone what other person said
- ☐ express guesses

in Korean.

# Additional Expressions 추가 표현

## Carrying messages

UNIT 9

# Conflict and Worry
# 갈등과 고민

## In This Unit

- Indirect speech (imperative) 간접 화법 (명령)
- Indirect speech (propositive) 간접 화법 (청유)
- Indirect speech (interrogative) 간접 화법 (의문)
- Advising, persuading 권유하기

**Warm Up | 준비**

1. 위의 여자는 무엇을 하고 있습니까?
2. 여자의 걱정은 무엇입니까?

## Expressions 표 현

| | |
|---|---|
| 조금 늦게 만나자고 하지 그래요? | Why don't you tell him/her to see a little bit late? |
| 부모님이 헤어지라고 하세요. | My parents tell me to break up (with someone). |
| 친구들이 만나지 말라고 해요. | My friends tell me not to see (him/her) anymore. |
| 친구가 돈을 빌려줄 수 있느냐고 전화해요. | One of my friends calls and tells me to lend him/her some money. |
| 얼마를 빌려 달라고 해요? | How much does he/she want to borrow from you? |

## Vocabulary 어 휘

### Nouns

큰일 great trouble / crisis
회식 dining together
유학 studying abroad
게임 game
수첩 pocket notebook
보고서 written report
콘서트 concert
고민 worry
천만 ten million
과자 cookie
모임 gathering
소개 introduction
로봇 robot
아이디어 idea
집사람 wife
걷기 walking
과장님 head(chief) of a department(section)
대리 deputy manager

### Verbs

생기다 to have looks (appearance)
미루다 to postpone
옮기다 to move
기억하다 to remember
퇴근하다 to leave one's office
졸다 to doze
빌려주다 to lend
정리하다 to arrange / to organize
놀다 to play
그만두다 to quit
내다 to spare (time)

### Adjectives

어둡다 dark
친하다 close
귀찮다 annoying

### Others

절대로 never

### Words that go together

술 한잔 하다 to have a (alcoholic) drink
시간을 내다 to spare some time

# Key Expressions 본문

## Indirect speech (3)

TRACK 34

**A** 민수 씨, 왜 그래요? 무슨 일 있어요?

**B** 오늘이 여자 친구 생일인데 갑자기 회의가 생겼어요. 큰일이네요.

**A** 그럼 조금 늦게 만나자고 하지 그래요?

**B** 콘서트 표를 예매했는데…….

**A** 콘서트는 다음에 보자고 하세요. 여자 친구도 이해해 줄 거예요.

**A** Minsu, what's the matter? What happened?

**B** Today is my girlfriend's birthday, but suddenly I got into a meeting now. I'm in trouble.

**A** Why don't you tell her to see a little bit late?

**B** I purchased concert tickets in advance.

**A** Tell her to see the concert next time. She will understand.

### Check it

1. 오늘은 민수 씨의 생일이다.
   T F
2. 민수 씨는 콘서트 표를 예매했다.
   T F

Answer 1. F 2. T

### Grammar Points

**V-자고 하다**

For indirect speech of propositive sentence, '-자고 하다' is used after a verb stem.

마이클 : "같이 제주도에 가요." → 마이클 씨가 제주도에 가자고 했어요.

▶ Grammar Reference p.155

**V-지 그래요?**

'-지 그래요?' is used to ask or suggest someone politely to do something.

먹다 → 먹지 그래요?

▶ Grammar Reference p.156

## Practice

❶ Change the following as shown in the example.

집에 와서 같이 이야기하자.

어머니

1) 퇴근하고 같이 술 한잔 하자.

친구

2) 같이 공원에서 놀아요.

딸

바쁜데 어머니가 집에 와서 같이 이야기하자고 해요.

3) 같이 로봇 만들어요.

아들

4) 민호가 입원했으니까 같이 병원에 가자.

영수

❷ Give a suggestion to the person in the picture using '–지 그래요'.

머리가 아파요.

약을 먹지 그래요?

너무 더워요.

방이 너무 어두워요.

버스가 안 와요.

피곤해요.

❸ Practice the conversation with your partner.

**A** 민수 씨, 왜 그래요? 무슨 일 있어요?

**B** 오늘이 여자 친구 생일인데 갑자기 회의가 생겼어요.

**A** 그럼 조금 늦게 만나자고 하지 그래요?

**B** 콘서트 표를 예약했는데…….

**A** 콘서트는 다음에 보자고 하세요. 여자 친구도 이해해 줄 거예요.

| 1) | 2) | 3) | 4) |
|---|---|---|---|
| 회의가 생겼다 | 지방 출장을 가야 되다 | 몸이 너무 아프다 | 회식이 생겼다 |
| 조금 늦게 만나다 | 내일 만나다 | 다음에 만나다 | 약속을 미루다 |
| 콘서트 표를 예약하다 | 오늘 생일 파티를 해야 되다 | 유명한 식당을 예약하다 | 영화 표를 예매하다 |
| 콘서트는 다음에 보다 | 파티는 내일 하다 | 식사는 다음에 하다 | 영화는 다음에 보다 |

Answer ❶ 1) 친구가 퇴근하고 같이 술 한잔 하자고 해요 2) 딸이 같이 공원에서 놀자고 해요
3) 아들이 같이 로봇 만들자고 해요 4) 영수가 민호가 입원했으니까 같이 병원에 가자고 해요

# Key Expressions 본문

## Indirect speech (4)

TRACK 35

**A** 미나 씨, 무슨 고민이 있어요?

**B** 사귀는 사람이 있는데 부모님이 헤어지라고 하세요.

**A** 왜요?

**B** 남자 친구가 직업이 없어서요.

**A** 그래요? 그럼 친구들하고 한번 이야기해 보지 그래요?

**B** 제 친구들도 만나지 말라고 해요. 어떻게 하면 좋아요?

**A** Mina, are you worried about something?

**B** I am seeing someone, but my parents tell me to break up with him.

**A** Why?

**B** My boyfriend doesn't have a job.

**A** Really? Why don't you talk about it with your friends?

**B** Even all my friends tell me to stop seeing him. What should I do?

### Check it

1. 미나 씨 부모님은 남자 친구를 좋아하신다.

   T  F

2. 미나 씨의 남자 친구는 회사에 다니고 있다.

   T  F

Answer 1. F 2. F

### Grammar Points

#### V-(으)라고 하다

'-(으)라고 하다' is used for indirect speech of imperative sentence.

- verb stems ending with a vowel + -라고 하다 : 가다 → 가라고 했어요
- verb stems ending with a consonant + -으라고 하다 : 읽다 → 읽으라고 했어요

마이클 : "집에 가세요." → 마이클 씨가 집에 가라고 했어요.

▶ Grammar Reference p.156

#### V-지 말라고 하다

'-지 말라고 하다' is used for indirect speech of negative imperative sentence.

가지 마세요 → 가지 말라고 했어요
읽지 마세요 → 읽지 말라고 했어요

마이클 : "가지 마세요." → 마이클 씨가 가지 말라고 했어요.

▶ Grammar Reference p.156

## Practice

**1** Complete the sentences as shown in the example.

열심히 일하세요. → 사장님이 열심히 일하라고 했어요.

1) 회의 시간에 늦지 마세요.

2) 문자 메시지를 보내지 마세요.

3) 좋은 아이디어를 생각해 보세요.

4) 회사 물건을 아껴 쓰세요.

5) 졸지 마세요.

6) 일을 다 끝내고 퇴근하세요.

사장님

**2** Practice the conversation with your partner.

**A** 무슨 고민이 있어요?

**B** 사귀는 사람이 있는데 부모님이 헤어지라고 하세요.

**A** 왜요?

**B** 그 사람이 직업이 없어서요.

**A** 그래요? 친구들하고 한번 이야기해 보지 그래요?

**B** 제 친구들도 만나지 말라고 해요. 어떻게 하면 좋아요?

| | 1) | 2) | 3) | 4) |
|---|---|---|---|---|
| | 사귀는 사람이 있다 | 회사에 다니다 | 회사를 옮기고 싶다 | 유학을 가고 싶다 |
| | 헤어져. | 다니지 마. | 그냥 다녀요. | 가지 마. |
| | 부모님 | 남편 | 아내 | 부모님 |
| | 직업이 없다 | 아이들이 어리다 | 지금 다니는 회사가 월급이 많다 | 돈이 많이 들다 |
| | 만나지 마. | 그만둬. | 옮기지 마. | 부모님 말씀을 들어. |

**Answer 1** 1) 회의 시간에 늦지 말라고 했어요 2) 문자 메시지를 보내지 말라고 했어요 3) 좋은 아이디어를 생각해 보라고 했어요 4) 회사 물건을 아껴 쓰라고 했어요 5) 졸지 말라고 했어요 6) 일을 다 끝내고 퇴근하라고 했어요

# Key Expressions 본문

## Indirect speech (5)

TRACK 36

**A** 친구가 아침부터 계속 전화하네요.

**B** 전화해서 뭐라고 해요?

**A** 돈이 좀 있느냐, 돈을 빌려줄 수 있느냐고 계속 물어봐요.

**B** 얼마가 필요하다고 해요?

**A** 오천만 원이 필요하다고 해요. 집사람은 절대로 빌려주지 말라고 하는데 어떻게 하지요?

**A** One of my friends keeps calling me from this morning.

**B** What does he want to tell you on the phone?

**A** He keeps asking me if I have some money and can lend him some.

**B** How much does he need?

**A** He said he needed 50 million won. My wife tells me not to lend him any money. What should I do?

### Check it

1. 남자는 친구에게 돈을 못 받아서 걱정이다.
   T F
2. 남자의 부인은 친구에게 돈을 빌려주라고 말했다.
   T F

Answer 1. F 2. F

### Grammar Points

**~냐고 하다**

How to tell someone what other person asked is stated as follows.

미나 : "학교 끝나고 어디에 가요?" → 미나 씨가 학교 끝나고 어디에 가느냐고 했어요.

- verb stem + –느냐고 하다 : 먹다 → 먹느냐고 했어요
- adjective stem + –(으)냐고 하다 : 예쁘다 → 예쁘냐고 했어요 / 좋다 → 좋으냐고 했어요
- noun + –(이)냐고 하다 : 학교 → 학교냐고 했어요 / 학생 → 학생이냐고 했어요

'–고 묻다' or '–고 물어보다' can also be used instead of '–고 하다'.

▶ Grammar Reference p.156

[Culture 문화]

### 부부간의 호칭

한국에서는 husband와 wife를 가리키는 말로 '남편'과 '아내'가 있습니다. 결혼한 여자가 자신의 남편을 이야기할 때에는 '남편'이라는 표현을 쓰지만, 결혼한 남자가 자신의 아내를 말할 때에는 '아내'라는 표현보다는 '집사람'이라는 표현을 많이 씁니다. 그렇지만 자기의 아내가 아닌 다른 사람의 아내를 이야기할 때에는 '집사람'이라는 표현 대신에 '~씨 아내' 또는 '~씨 부인'이라는 표현을 씁니다.

▶ Translation p.159

## Practice

### ❶ Change the following as shown in the example.

애니 : "어디에 가요?" → 애니 씨가 어디에 가느냐고 물었어요.

1) 마이클 : "어디에서 내려요?" → ______________________.
2) 키샨 : "무슨 책을 읽어요?" → ______________________.
3) 재민 : "수지씨를 사랑해요?" → ______________________.
4) 다니엘 : "영미 씨 전화번호를 알아요?" → ______________________.
5) 웨이 : "어디에 가고 싶어요?" → ______________________.
6) 수미 : "무슨 음악을 들어요?" → ______________________.
7) 준석 : "월요일에 바빠?" → ______________________.
8) 미영 : "어디에서 살아요?" → ______________________.
9) 안나 : "좋아하는 음식이 뭐예요?" → ______________________.
10) 마르틴 : "학생이 모두 몇 명이에요?" → ______________________.

### ❷ Practice the conversation with your partner.

**A** 친구가 아침부터 계속 전화하네요.
**B** 전화해서 뭐라고 해요?
**A** 돈이 좀 있느냐, 돈을 빌려 줄 수 있느냐고 계속 물어봐요.
**B** 그럼 지금은 돈이 없다고 이야기하지 그래요?

1) 친구
돈이 좀 있어? / 돈을 빌려줄 수 있어?
지금은 돈이 없어.

2) 엄마
어떻게 지내? / 밥은 잘 먹어? / 아프지 않아?
지금 바빠.

3) 남자 친구
지금 어디에 있어? / 지금 누구하고 같이 있어?
일하는데 전화하지 마.

4) 아들
게임 해도 돼? / 과자 먹어도 돼? / 언제 집에 와?
나중에 전화할게.

Answer ❶ 1) 마이클 씨가 어디에서 내리느냐고 물었어요 2) 키샨 씨가 무슨 책을 읽느냐고 물었어요 3) 재민 씨가 수지씨를 사랑하느냐고 물었어요 4) 다니엘 씨가 영미 씨 전화번호를 아느냐고 물었어요 5) 웨이 씨가 어디에 가고 싶으냐고 물었어요 6) 수미 씨가 무슨 음악을 듣느냐고 물었어요 7) 준석 씨가 월요일에 바쁘냐고 물었어요 8) 미영 씨가 어디에서 사느냐고 물었어요 9) 안나 씨가 좋아하는 음식이 뭐냐고 물었어요 10) 마르틴 씨가 학생이 모두 몇 명이냐고 물었어요

# Listening 듣기

TRACK 37

**1. Listen to their worries and match each number with the appropriate suggestion.**

1) •　　2) •　　3) •　　4) •

①　②　③　④　⑤

**2. Listen and choose the correct answer.**

1) 김수미 씨는 왜 퇴근을 못 합니까?

① 과장님이 안 계셔서　　② 사장님이 퇴근을 안 하셔서　　③ 빨리 끝내야 할 일이 있어서

2) 맞는 것을 고르세요.

① 남자는 김수미 씨를 도와줄 것이다.

② 김 과장님은 목요일까지 일을 끝내라고 했다.

③ 일을 못 끝내면 김수미 씨는 휴가를 갈 수 없다.

**3. Listen and choose the correct answer.**

1) 누가 남자에게 전화했습니까?

① 전에 소개 받은 여자　　② 남자가 좋아하는 여자　　③ 남자의 옛날 여자 친구

2) 맞는 것을 고르세요.

① 남자는 바빠서 전화를 받을 수 없다.

② 남자는 옆 사무실의 양 대리를 좋아한다.

③ 남자는 전에 소개 받은 여자가 마음에 든다.

Answer 1. 1) ⑤ 2) ② 3) ① 4) ③
2. 1) ③ 2) ③ 3. 1) ① 2) ②

# Reading & Writing 읽기와 쓰기

## 1. Read and answer the questions.

저는 미국 교포입니다. 한국에서 할아버지의 집에서 살 때의 일입니다. 저는 부엌에서 밥을 풀 때 사용하는 큰 숟가락 이름이 너무 궁금했습니다. 그래서 할아버지께 그 물건의 이름이 뭐냐고 물었습니다. 할아버지는 주걱이라고 말씀하셨습니다. 그렇지만 저는 '주걱'을 '죽어'라고 들었습니다. 저는 제가 너무 쉬운 단어를 몰라서 할아버지께서 저에게 죽으라고 말씀하셨다고 생각했습니다. 저는 너무 화가 나서 밥도 먹지 않고 방으로 들어갔습니다. 할아버지께서는 방으로 들어오셔서 큰 숟가락의 이름이 '주걱'이라고 다시 말해 주시고 공책에 써 주셨습니다. 할아버지의 말씀을 잘못 듣고 화를 내서 너무 죄송했습니다.

1) 이 학생은 한국에 있을 때 어디에서 살았습니까?

① 하숙집　　② 기숙사　　③ 할아버지 댁

2) 이 학생은 왜 화가 났습니까?

① 한국어가 너무 어려워서

② 쉬운 단어를 자꾸 잊어버려서

③ 할아버지의 말을 잘못 알아들어서

3) '주걱'은 무엇을 할 때 쓰는 물건입니까?

______________________________

**Words**

| | | |
|---|---|---|
| 교포 Korean residing abroad | 부엌 kitchen | 푸다 to scoop |
| 궁금하다 curious | 주걱 rice-scoop | 말씀 one's statement / one's remark |
| 단어 word | 화를 내다 to get angry | |

## 2. Read and answer the questions.

Back Forward Stop Refresh Home AutoFill Print Mail

Address:

Reply | Reply All | Forward | Delete | Move | Copy

| | |
|---|---|
| Subject | 고민 |
| Date | 2007/07/23 월요일 오전 4:24:15 |
| From | 수지(sujikim@naranet.com) |
| To | 미나(minahan@naranet.com) |

미나야,

요즘 어떻게 지내?

다음 주에 시험이 있어서 많이 바쁘지?

나는 요즘 고민이 있어서 공부가 안돼.

너도 알지? 내가 기숙사에서 룸메이트랑 방 같이 쓰는 거.

우리는 처음에 방을 같이 쓰기 시작했을 때

방 청소를 수요일과 토요일에 같이 하자고 약속했어.

그런데 그 친구는 청소도 안 하고 물건도 정리를 안 해. 밤에는 늦게까지 불을 켜고 음악을 들어서 잘 수가 없어. 다른 친구도 가끔 방에 데리고 와서 너무 불편해. 그리고 내 물건도 쓰는 것 같아.

수업 끝나고 방에 들어가면 쉬고 싶은데 그럴 수도 없어서 너무 힘들어.

어떻게 하면 좋을까?

너도 바쁜데 이런 고민 이야기해서 미안해.

좋은 방법이 있으면 좀 이야기해 줘.

그럼 시험 끝나고 한번 만나자. 안녕.

수지가

1) 수지는 무슨 고민이 있습니까?

① 기숙사에 방이 없다.

② 시험공부가 너무 어렵다.

③ 룸메이트가 청소를 안 한다.

2) 맞는 것을 고르세요.

① 수지는 미나와 같은 방을 쓴다.

② 수지는 미나에게 자기의 고민을 이야기한다.

③ 미나는 밤늦게까지 불을 켜고 음악을 듣는다.

**Words**

공부가 안되다 can't study
룸메이트 roommate
쓰다 to use
데리고 오다 to bring (a person) with one
방법 way / method

**3. Do the writing activities below using the previous excercise number 2 as a model.**

1) **2**의 이메일을 읽고 다음 표를 정리해 보세요.

| | |
|---|---|
| 문제 | ① 룸메이트가 청소를 하지 않는다.<br>② 밤에 늦게까지 불을 켜고 음악을 듣는다.<br>③ 다른 친구를 방에 데리고 온다.<br>④ 내 물건을 쓴다. |
| 문제 해결 | ① 친구에게 같이 청소하자고 다시 한 번 이야기한다.<br>② ______________________.<br>③ ______________________.<br>④ ______________________. |

**Answer** **1.** 1) ③ 2) ③ 3) 밥을 풀 때 사용하는 큰 숟가락
**2.** 1) ③ 2) ②

# Reading & Writing 읽기와 쓰기

2) 1)의 표를 보고 미나에게 이메일을 써 주세요.

Reply | Reply All | Forward | Delete | Move | Copy

| Subject | Re : 고민 |
|---|---|
| Date | 2007/07/24 화요일 오후 3:45:30 |
| From | 미나(minahan@naranet.com) |
| To | 수지(sujikim@naranet.com) |

수지야,

보내 준 편지 잘 받았어. 네가 많이 힘들 것 같아. 나도 전에 그런 경험을 한 적이 있어. 그때 나도 정말 많이 힘들었어. 네 편지를 읽고 많이 생각해 보았는데 청소 문제는 네가 그 친구에게 청소를 같이 하자고 다시 이야기해 보는 게 어떨까? 그럼 그 친구도 잊지 않고 들어와서 청소를 같이 할 것 같아. 그리고 ______________________________

______________________________

______________________________

______________________________

내 이야기가 너에게 도움이 되면 좋겠다.
그럼 시험공부 열심히 하고, 시험 끝나면 한번 만나자. 잘 있어. 안녕.

미나가

**Words**

경험 experience    도움 help

**Now I can...**

- [ ] express indirect speech of imperative sentence
- [ ] express indirect speech of propositive sentence
- [ ] express indirect speech of interrogative sentence
- [ ] express suggestions

in Korean.

# Additional Expressions 추가 표현

## Expressions for seeking counseling or advice

있잖아요…….
Well…….

좋은 방법을 찾아 주세요.
Help me find a good way out.

사실은요…….
The truth is…….

이럴 땐 어떻게 하면 좋아요?
What should I do in this kind of situation?

비밀이에요.
It's confidential. /
It's private. / It's a personal matter.

아무한테도 말하지 말아 주세요.
Please don't tell anyone.

## Expressions for empathy

정말 힘들겠어요.
It must be hard / tough on you.

어떻게 그럴 수가 있어요?
How can that be?

정말 속상하겠어요.
You must be frustrated.

말도 안 돼요!
Nonsense!

그 마음 나도 알아요.
I know how you feel.

나도 그런 적이 있어요.
I've had times like that.

세상에!
Oh my goodness!

# Grammar Reference 문법 설명

## UNIT 1 Experience

### 1. V-아/어 봤어요

'-아/어 보다' is used to express one's attempt at doing something. When it's used in the past tense, it can refer to whether one has ever attempted at doing something. To express not having attempted, '못 V-아/어 봤어요' pattern is used.

If the verb stem's last vowel ends with 'ㅏ' or 'ㅗ' + -아 봤어요 : 가다 → 가 봤어요
If the verb ends with '하다', 하다 → 해 봤어요
: 운전하다 → 운전해 봤어요
In all other cases, add '-어 봤어요' : 먹다 → 먹어 봤어요

| |
|---|
| 남대문시장에 가 봤어요.<br>I've been to Namdaemun Market. |
| 냉면을 먹어 봤어요.<br>I've eaten naengmyeon. |
| A : 번지 점프를 해 봤어요?<br>Have you ever tried bungee jumping?<br>B : 아니요, 못 해 봤어요.<br>No, I haven't. |

### 2. V-(으)ㄴ 적이 있다/없다

'-(으)ㄴ 적이 있다' is used when a person has experienced something, and '-(으)ㄴ 적이 없다' is used when a person has not experienced something.

If the verb stem ends with a vowel + -ㄴ 적이 있다/없다
: 가다 → 간 적이 있다/없다
If the verb stem ends with a consonant + -은 적이 있다/없다 : 읽다 → 읽은 적이 있다/없다

'이' is omissible in '-(으)ㄴ 적이 있다/없다'.

간 적이 있어요. = 간 적 있어요.

| | |
|---|---|
| 일본에 간 적이 있어요. | I've been to Japan. |
| 그 책을 읽은 적이 있어요. | I've read that book. |
| A : 한국에서 등산한 적 있어요?<br>Have you climbed a mountain in Korea?<br>B : 아니요, 한 적 없어요.<br>No, I haven't. | |

'-(으)ㄴ 적이 있다/없다' is often used with '-아/어 보다' in a combined pattern.

가 본 적이 있어요.

| | |
|---|---|
| 그 사람을 만나 본 적이 있어요. | I have met him. |
| A : 한국에서 운전해 본 적이 있어요?<br>Have you ever driven in Korea?<br>B : 아니요, 해 본 적이 없어요.<br>No, I haven't. | |

### 3. A/V-았/었을 때

'-았/었을 때' is used to describe the point of time that an incident happened.

If the verb or adjective stem's last vowel ends with 'ㅏ' or 'ㅗ' + -았을 때 : 가다 → 갔을 때
If the verb or adjective ends with '하다', 하다 → 했을 때
: 운전하다 → 운전했을 때
In all other cases, add '-었을 때' : 먹다 → 먹었을 때

| |
|---|
| 어렸을 때 부산에 가 봤어요.<br>I have been to Busan when I was young. |
| 처음 운전했을 때 좀 무서웠어요.<br>It was a little scary when I drove for the first time. |
| A : 처음 한국에 왔을 때 한국말을 할 수 있었어요?<br>Were you able to speak Korean when you came to Korea for the first time?<br>B : 아니요, 한국말을 못했어요.<br>No, I couldn't speak Korean. |

Both '-았/었을 때' and '-(으)ㄹ 때' describe the point of time that an incident happens. However, '-(으)ㄹ 때' is used for the time when the action is taken, and

'-았/었을 때' is used to describe the point of time that action was done.

버스에서 내릴 때 조심하세요.
Watch out when you get off the bus.

버스에서 내렸을 때 비가 왔어요.
It was raining when I got off the bus.

### 4. N 전에/후에

'전에' means 'ago' used with the words expressing the time, and '후에' means 'after (the time)'.

| | |
|---|---|
| 이틀 전에 영화를 봤어요.<br>I saw a movie two days ago. | |
| 우리는 세 시간 후에 공항으로 출발할 거예요.<br>We will depart for the airport after three hours. | |
| 식사 후에 이 약을 드세요.<br>Take this medicine after meal. | |
| A : 언제 한국에 왔어요? | When did you come to Korea? |
| B : 한 달 전에 왔어요. | I came here one month ago. |

## UNIT 2 Hobbies

### 1. V-는 거

'-는 거' is attached to a verb stem and changes the verb to a noun form.

보다 → 보는 거
먹다 → 먹는 거

| | |
|---|---|
| 저는 등산하는 거 좋아해요. | I like going up a mountain. |
| 저는 책 읽는 거 좋아해요. | I like reading a book. |

The original form of 'V-는 거' is 'V-는 것'. However, 'V-는 거' is used much more frequently than 'V-는 것' in spoken language.

산에 가는 거 ← 산에 가는 것
책을 읽는 거 ← 책을 읽는 것

### 2. '르' irregular verbs and adjectives

When the verb or adjective stem ends with '르' and is followed by '-아/어', 'ㅡ' is deleted. At the same time, the remaining 'ㄹ' becomes part of the following syllable, and another 'ㄹ' is added to it. As a result, '-아/어' changes into '-라/러' as stated below.

| | |
|---|---|
| -아요/어요 | 모르다 → 몰라요<br>자르다 → 잘라요<br>부르다 → 불러요<br>빠르다 → 빨라요 |
| -았어요/었어요 | 모르다 → 몰랐어요<br>자르다 → 잘랐어요<br>부르다 → 불렀어요<br>빠르다 → 빨랐어요 |
| -아서/어서 | 모르다 → 몰라서<br>자르다 → 잘라서<br>부르다 → 불러서<br>빠르다 → 빨라서 |
| -고 | 모르다 → 모르고<br>자르다 → 자르고<br>부르다 → 부르고<br>빠르다 → 빠르고 |
| -(으)면 | 모르다 → 모르면<br>자르다 → 자르면 |

부르다 → 부르면
빠르다 → 빠르면

| |
|---|
| 지하철이 빨라서 좋아요.<br>I like subway because it is fast. |
| 어제 머리를 잘랐어요.<br>I got a haircut yesterday. |
| 노래방에서 노래를 불렀어요.<br>I sang a song in a singing room. |
| A : 어제 왜 전화를 안 했어요?<br>Why didn't you call me yesterday?<br>B : 미안해요. 전화번호를 몰라서 못 했어요.<br>I'm sorry. I couldn't call you because I don't know your phone number. |

### 3. V-(으)ㄹ 줄 알다/모르다

'-(으)ㄹ 줄 알다/모르다' denotes whether the subject knows how to do something or not, or whether the subject has the ability to do something or not.

If the verb stem ends with a vowel + -ㄹ 줄 알아요
: 가다 → 갈 줄 알아요
If the verb ends with a consonant + -을 줄 알아요
: 읽다 → 읽을 줄 알아요

'-(으)ㄹ 줄 모르다' is the negative form of '-(으)ㄹ 줄 알다'.

애니 씨는 운전할 줄 알아요.
마이클 씨는 운전할 줄 몰라요.

| |
|---|
| A : 피아노를 칠 줄 알아요?<br>Do you know how to play the piano?<br>B : 네, 칠 줄 알아요. Yes, I know. |
| A : 한자를 읽을 줄 알아요?<br>Do you know how to read Chinese characters?<br>B : 네, 읽을 줄 알아요. Yes, I know. |
| A : 불고기를 만들 줄 알아요?<br>Do you know how to make bulgogi?<br>B : 아니요, 만들 줄 몰라요. No, I don't know. |

'-(으)ㄹ 수 있다/없다' denotes possibility or ability to do something, while '-(으)ㄹ 줄 알다/모르다' denotes whether the subject has the ability to do something.

날씨가 나빠서 수영할 줄 몰라요. (X)
날씨가 나빠서 수영할 수 없어요. (O)

### 4. 잘 V, 잘 못 V

To express one is very good at something, '잘 V' is used, and to express one is not very good at something '잘 못 V' is used.

| |
|---|
| 저는 한국어를 잘해요.<br>I am good at speaking Korean. |
| 저는 노래를 잘 못 불러요.<br>I'm not good at singing. |
| A : 피아노를 잘 쳐요?<br>Are you good at playing the piano?<br>B : 아니요, 잘 못 쳐요.<br>No, I'm not good at it. |

'잘' and '못' should be written leaving space between them. If the words are not spaced out, the meaning of it becomes 'to be wrong'.

| |
|---|
| 버스를 잘못 타서 학교에 지각했어요.<br>I was late to school because I got on the wrong bus. |

## UNIT 3 Employment

### 1. A/V-ㅂ/습니다, N-입니다, A/V-았/었습니다, N-였습니다/이었습니다

In the formal situations such as interviews, news, and public announcement, the formal style of speech such as '-ㅂ/습니다' and '-입니다' are used as stated below. To change a formal statement to a question, replace '-다' with '-까?' as '-ㅂ/습니까?' and '-입니까?'

## A/V-ㅂ/습니다

For the present tense, 'A/V-ㅂ/습니다', 'N-입니다' are used.

If the verb or adjective stem ends with a vowel + -ㅂ니다 : 가다 → 갑니다
If the verb or adjective stem ends with a consonant + -습니다 : 먹다 → 먹습니다

| | |
|---|---|
| A : 오늘 무엇을 합니까? | What are you doing today? |
| B : 친구들하고 같이 영화를 봅니다. | I'm going to see a movie with my friends. |
| A : 제주도가 어떻습니까? | How is Jeju Island? |
| B : 아주 아름답습니다. | It is very beautiful. |

## N-입니다

의사 + -입니다 → 의사입니다
학생 + -입니다 → 학생입니다

| | |
|---|---|
| A : 전공이 무엇입니까? | What is your major? |
| B : 경제학입니다. | Economics. |

## A/V-았/었습니다

For the past tense, 'A/V-았/었습니다', 'N-였습니다/이었습니다' are used.

If the verb or adjective stem's last vowel ends with 'ㅏ' or 'ㅗ' + -았습니다 : 가다 → 갔습니다
If the verb or adjective stem's last vowel ends with '하다', 하다 → 했습니다 : 공부하다 → 공부했습니다
In all other cases, -었습니다 : 먹다 → 먹었습니다

| | |
|---|---|
| A : 어제 무엇을 했습니까? | What did you do yesterday? |
| B : 산에 갔습니다. | I went to a mountain. |

## N-였습니다/이었습니다

If the noun ends with a vowel + -였습니다
: 학교 → 학교였습니다

If the noun ends with a consonant + -이었습니다
: 월요일 → 월요일이었습니다

| | |
|---|---|
| A : 회의가 언제였습니까? | When was the meeting? |
| B : 지난 금요일이었습니다. | It was last Friday. |

## 2. S-(으)ㄴ/는데 S′

To present S as a background situation of S′, 'A/V-(으)ㄴ/는데' is added to S.

When S ends with a verb, '-는데' is added to the verb stem.

가다 → 가는데
먹다 → 먹는데

| | |
|---|---|
| V-는데 | 가다 → 가는데<br>공부하다 → 공부하는데<br>듣다 → 듣는데<br>읽다 → 읽는데<br>만들다 → 만드는데 |

When S ends with an adjective, '-(으)ㄴ데' is added to the adjective stem.

If the adjective stem ends with a vowel + -ㄴ데
: 크다 → 큰데
If the adjective stem ends with a consonant + 은데
: 작다 → 작은데

| | |
|---|---|
| A-(으)ㄴ데 | 바쁘다 → 바쁜데<br>피곤하다 → 피곤한데<br>좋다 → 좋은데<br>덥다 → 더운데<br>멀다 → 먼데 |

Adjectives with '있다' or '없다' change to '있는데' and '없는데'

맛있다 → 맛있는데
재미없다 → 재미없는데

To express the past tense, '–는데' is added to '–았/었–' for both verbs and adjectives.

| |
|---|
| 밖에 비가 오는데 우산이 없어요.<br>It's raining outside but I don't have an umbrella. |
| 롯데월드에 갔는데 사람이 많았어요.<br>I went to Lotte World, and it was crowded. |
| A : 이 구두가 좀 작은데 더 큰 거 없어요?<br>These shoes are a little small for me.<br>Don't you have them in bigger size?<br>B : 여기 있습니다, 손님.<br>Here you are. Sir/Ma'am. |
| A : 오늘은 바쁜데 내일은 어때요?<br>I'm busy today. How about tomorrow?<br>B : 내일은 시간이 없는데 어떻게 하지요?<br>I'm busy tomorrow. What should we do? |

'–는데' can be used in the past tense sentences for talking about something that was in the progress.

어제 학교에 가는데 친구를 만났어요.
I met a friend of mine on my way to school.
→ It means 'on the way to the school'.

어제 학교에 갔는데 친구를 만났어요.
I went to school and I met my friend.
→ It means that the action of 'going to school' has been completed, and met a friend at school.

### 3. A/V–기 때문에

'–기 때문에' is used to express the reason or cause of something.

비가 오다 → 비가 오기 때문에
날씨가 덥다 → 날씨가 덥기 때문에

| |
|---|
| 비가 오기 때문에 여행을 못 가요.<br>I can't make a trip because it rains. |
| 날씨가 덥기 때문에 물을 자주 마십니다.<br>I drink water frequently because it is hot. |

When the preceding clause is in the past tense, '–았/었기 때문에' is used.

| |
|---|
| 어제 아팠기 때문에 병원에 갔어요.<br>I saw a doctor because I was sick yesterday. |
| 날씨가 추웠기 때문에 축구를 못 했습니다.<br>I couldn't play soccer because it was cold. |

Imperative or propositive sentences cannot be used after 'A/V–기 때문에'.

눈이 오기 때문에 조심하세요. (X)
배가 고프기 때문에 밥을 먹을까요? (X)

### 4. –겠–

'–겠–' expresses speaker's will or intention. The subject should be the first person.

공부하다 :
공부하 + –겠– + –습니다 → 공부하겠습니다
공부하 + –겠– + –어요 → 공부하겠어요

| |
|---|
| 열심히 공부하겠습니다. I will study hard. |
| A : 애니 씨가 지금 없는데요.<br>Annie is not here now.<br>B : 그럼 나중에 다시 전화하겠습니다.<br>Then I will call again later. |

It can be used in a question where the subject is the second person to ask a person's will or intention.

A : 뭘 드시겠어요?
What would you like to have?
B : 저는 비빔밥을 먹겠습니다.
I will have bibimbap.

## UNIT 4 Fashion

### 1. V-는 N

To modify a noun with a verb in the present tense, add '-는' to the verb stem and place it before the noun.

커피를 마셔요. + 그 사람은 크리스 씨예요.
→ 커피를 마시는 사람은 크리스 씨예요.
애니 씨가 노래를 들어요. + 그 노래는 '아리랑' 이에요.
→ 애니 씨가 듣는 노래는 '아리랑' 이에요.
재민 씨가 학교에 다녀요. + 그 학교는 서울대학교예요.
→ 재민 씨가 다니는 학교는 서울대학교예요.

In this case, after a subject in a modifying clause, '이/가' is used, not '은/는'.

애니 씨는 노래를 들어요. + 그 노래는 '아리랑' 이에요.
→ 애니 씨는 듣는 노래는 '아리랑' 이에요. (X)
→ 애니 씨가 듣는 노래는 '아리랑' 이에요. (O)

재민 씨가 다니는 학교는 서울대학교예요.
The school that Jaemin goes to is Seoul University.

미사코 씨가 좋아하는 노래는 '친구' 예요.
The song that Misako likes is "Friend".

A : 저기 오는 사람이 누구예요?
Who is the man coming over there?
B : 마이클 씨예요.
It's Michael.

### 2. A-게

By adding '-게' to an adjective stem, the adjective functions as an adverb, and it modifies a following verb or an adjective.

예쁘다 → 예쁘게

오늘은 추우니까 옷을 따뜻하게 입으세요.
It's cold today, so put on some warm clothes.

크리스 씨는 재미있게 이야기해요.
Chris is a good talker.

### 3. V-(으)러 가다/오다

To express the purpose of going or coming to a place, '-(으)러 가다/오다' is added to a verb stem.

If the verb stem ends with a vowel + -러 가다/오다
: 자르다 → 자르러 가다/오다
If the verb stem ends with a consonant + -으러 가다/오다
: 먹다 → 먹으러 가다/오다

한국어를 공부하러 한국에 왔어요.
I came to Korea to study Korean language.

밥을 먹으러 가요. I am going to have a meal.

A : 도서관에 왜 갔어요?
Why did you go to the library?
B : 시험공부를 하러 갔어요.
I went there to study for the test.

### 4. N처럼

'처럼' is added to a noun to describe something is the same or similar with the noun.

그 남자는 배우처럼 멋있어요.
He is marvelous like an actor.

애니 씨는 가수처럼 노래를 잘 불러요.
Annie sings well like a singer.

A : 웨이 씨는 한국말을 잘해요?
Does Wei speak Korean well?
B : 네, 한국 사람처럼 한국말을 잘해요.
Yes, she speaks Korean like a native Korean.

'-N처럼이에요' can not be used.

마이클 씨는 가수처럼이에요. (X)
마이클 씨는 가수처럼 노래를 잘 불러요. (O)

애니 씨는 아기처럼이에요. (X)
애니 씨는 아기처럼 귀여워요. (O)

### 5. 어떤 N

To ask about the kind or characteristics of something or someone, '어떤' is used as in '어떤 영화' or '어떤 사람'.

A : 어떤 날씨를 싫어해요?
What kind of weather do you dislike?
B : 더운 날씨를 싫어해요.
I hate hot weather.

A : 어떤 남자를 좋아해요?
What kind of man do you like?
B : 노래를 잘 부르는 남자를 좋아해요.
I like a man who sings very well.

'무슨 N' is used to ask the kind of a thing.

A : 무슨 음식을 좋아해요?
What kind of food do you like?
B : 불고기를 좋아해요. I like bulgogi.

### 6. V-(으)ㄹ게요

'-(으)ㄹ게요' is used in the first person statement to express the speaker's will or intension. It cannot be used in a question.

If the verb stem ends with a vowel + -ㄹ게요
: 사다 → 살게요
If the verb stem ends with a consonant + -을게요
: 먹다 → 먹을게요

오늘은 제가 밥값을 낼게요.
I will pay for the meal today.

| | |
|---|---|
| A : 누가 노래를 할 거예요? | Who's going to sing? |
| B : 제가 할게요. | I will. |

## UNIT 5 Out of order

### 1. A/V-아/어

Use Banmal (informal, intimate speech style) to someone junior your age or same age with you, and your close friends. To form a Banmal ending, take '-요' away from '-아요/어요' as follows.

If the verb or adjective stem's last vowel ends with 'ㅏ' or 'ㅗ' + -아 : 오다 → 와
If the verb or adjective ends with '하다', 하다 → 해
: 공부하다 → 공부해
In all other cases, add '-어' : 먹다 → 먹어

| | |
|---|---|
| 나는 오늘 집에서 공부해. | I study at home today. |
| 재민 씨는 회사에 있어. | Jaemin is at his work. |

A sentence will be a statement with a falling intonation at the end, and a question with a rising intonation.

A : 너 지금 어디에 가? ( ↗ )
B : 집에 가. ( ↘ )

### N-(이)야

Banmal ending of '-이에요/예요' is as follows.

If the noun ends with a vowel + -야 : 학교 → 학교야
If the noun ends with a consonant + -이야
: 책 → 책이야

| | |
|---|---|
| 여기가 우리 집이야. | This is my house. |
| A : 이 사람은 누구야? | Who is this person? |
| B : 내 동생이야. | My younger brother/sister. |

### 2. A/V-았/었어

To form the past tense of Banmal ending, take '-요' away from '-았어요/었어요'.

If the verb or adjective stem's last vowel ends with 'ㅏ' or 'ㅗ' + -았어 : 오다 → 왔어

If the verb or adjective ends with '하다', 하다 → 했어
: 공부하다 → 공부했어
In all other cases, add '-었어' : 먹다 → 먹었어

| 토요일에 친구하고 같이 영화 봤어.<br>I saw a movie with my friend on Saturday. | |
|---|---|
| A : 너는 어제 뭐 했어?<br>B : 집에서 쉬었어. | What did you do yesterday?<br>I took some rest at home. |

### V-(으)ㄹ게, A/V-(으)ㄹ 거야

To form the future tense of Banmal ending, '-(으)ㄹ게요' is changed to '-(으)ㄹ게', and 'A/V-(으)ㄹ 거예요' is changed to 'A/V-(으)ㄹ 거야'.

갈게요 → 갈게
갈 거예요 → 갈 거야

| A : 누가 청소할 거야?<br>B : 내가 할게. | Who's going to clean?<br>I will. |
|---|---|
| A : 내일 뭐 할 거야?<br>B : 영화 볼 거야. | What are you going to do?<br>I'll watch a movie. |

### 3. V-아/어

To order someone in Banmal, add '-아/어' after the verb stem.

가요 → 가
읽어요 → 읽어

| 바쁘니까 빨리 와. | We're busy, so hurry up! |
|---|---|
| A : 숙제 좀 도와 줘.<br>Please help me do my homework.<br>B : 알았어. | <br><br>OK. I will. |

### V-지 마

To order someone not to do something in Banmal, add '-지 마' after the verb stem.

| 거짓말 하지 마. | Don't lie. |
|---|---|
| 건강에 나쁘니까 담배 피우지 마.<br>Don't smoke because it's bad for your health. | |

### 4. V-자

To suggest someone to do something together in Banmal, add '-자' after the verb stem.

같이 가요 → 같이 가자
같이 읽어요 → 같이 읽자

| 점심 먹으러 가자. | Let's go and have lunch. |
|---|---|
| A : 우리 같이 공부하자.<br>B : 좋아. | Let's study together.<br>OK. |

### V-지 말자

To suggest someone not to do something together in Banmal, add '-지 말자' after the verb stem.

| 이거 먹지 말자. | Let's not eat this. |
|---|---|
| 시간이 없으니까 가지 말자.<br>We don't have time. Let's not go. | |

### 5. V-(으)ㄴ N

To modify a noun with a verb in the past tense, add '-(으)ㄴ' to the verb stem and place it before the noun.

작년에 컴퓨터를 샀어요. + 그 컴퓨터가 고장이 났어요.
→ 작년에 산 컴퓨터가 고장이 났어요.

If the verb stem ends with a vowel + -ㄴ : 사다 → 산
If the verb stem ends with a consonant + -은 : 먹다 → 먹은

After a subject in a modifying clause, '이/가' is used.

민수는 주말에 만난 사람은 애니였어요. (X)
→ 민수가 주말에 만난 사람은 애니였어요. (O)

| |
|---|
| 어제 읽은 책은 정말 어려웠어요.<br>The book I read yesterday was really difficult. |
| 어제 배운 단어를 모두 외우세요.<br>Memorize all the vocabularies that you learned yesterday. |
| A : 어제 본 영화 어땠어요?<br>How was the movie that you saw yesterday?<br>B : 정말 재미있었어요. It was really interesting. |

## 6. V-(으)ㄹ N

To modify a noun with a verb in the future tense, add '-(으)ㄹ' to the verb stem and place it before the noun.

내일 친구를 만날 거예요. + 그 친구는 애니 씨예요.
→ 내일 만날 친구는 애니 씨예요.

If the verb stem ends with a vowel + -ㄹ : 사다 → 살
If the verb stem ends with a consonant + -을
: 먹다 → 먹을

After a subject in a modifying clause, '이/가' is used.

민수는 내일 만날 사람은 애니예요. (X)
→ 민수가 내일 만날 사람은 애니예요. (O)

| |
|---|
| 다음 주에 먹을 음식을 샀어요.<br>I bought some food for next week. |
| A : 내일 수영하러 갈 사람은 7시까지 오세요.<br>For those who will go for swimming tomorrow, come here by 7 o'clock.<br>B : 알겠습니다. Alright. |

## UNIT 6 Change

### 1. A/V-네요

'-네요' is added to the stem of a verb or an adjective to express the new fact that the speaker found out.

| | |
|---|---|
| 와! 눈이 오네요. | Wow, it's snowing. |
| A : 어제 이 옷을 샀어요.<br>I bought this clothes yesterday.<br>B : 아주 예쁘네요. | It's very pretty. |

### 2. A-아/어지다

'-아/어지다' is added to an adjective stem to express changes.

adjective stem's last vowels ending with 'ㅏ' or 'ㅗ' + -아지다 : 좋다 → 좋아지다
adjectives ending with '하다', 하다 → 해지다
: 따뜻하다 → 따뜻해지다
In all other cases, add '-어지다'
: 재미있다 → 재미있어지다

| |
|---|
| 날씨가 추워졌어요.<br>The weather has turned cold. |
| 약을 먹으면 괜찮아질 거예요.<br>It'll be better if you take the medicine. |
| A : 요즘 한국어 공부가 어때?<br>How's your studying Korean these days?<br>B : 아주 재미있어졌어.<br>It has turned more interesting. |

### 3. V-게 되다

'-게 되다' is added to an verb stem to express changes.

처음에는 김치를 못 먹었지만 지금은 좋아하게 됐어.
I couldn't eat kimchi at first, but now I got to like it.

열심히 연습하면 잘하게 될 거예요.
If you practice hard, you will do it well.

A : 어떻게 그 사람을 알게 됐어요?
How did you become acquainted with the person?
B : 친구가 소개해서 알게 됐어요.
My friend introduced the person to me.

### 4. 제일

'제일' is an adverb expressing the best, the most and superlatives.

'가장' can be used in place of '제일'.
제일 좋아요. = 가장 좋아요.

'N에서' meaning 'in N', and '중에서' meaning 'among N' are often used with '제일' and '가장'.

에베레스트 산이 세계에서 제일 높아요.
Mt. Everest is the highest mountain in the world.

마이클이 우리 반 학생들 중에서 가장 키가 커.
Michael is the tallest among our class students.

### 5. A/V-(으)ㄹ까요?

'-(으)ㄹ까요?' is used to ask for opinions about something or someone. It is used when the speaker doesn't know about something or not sure about something.

If the verb or adjective stem ends with a vowel + -ㄹ까요? : 비싸다 → 비쌀까요?
If the verb or adjective stem ends with a consonant + -을까요? : 많다 → 많을까요?

오늘 저녁에 비가 올까요? Will it rain tonight?

재민 씨는 지금 어디에 있을까?
Where do you think Jaemin is right now?

그 일이 힘들까요? Will it be difficult?

### 6. A/V-(으)ㄹ 거예요

'-(으)ㄹ 거예요' is used to express speaker's guess.
If the verb or adjective stem ends with a vowel + -ㄹ거예요 : 비싸다 → 비쌀 거예요
If the verb or adjective stem ends with a consonant + -을 거예요 : 많다 → 많을 거예요

지하철이 빠를 거예요. Subway will be fast.

그 음식은 조금 매울 거야.
The food would be a little hot.

A : 내일 모임에 재민 씨가 올까요?
Will Jaemin come to the meeting tomorrow?
B : 아마 올 거예요. Maybe he will come.

## UNIT 7 Information

### 1. A-다, V-ㄴ다/는다, N(이)다

'-다, -ㄴ다/는다, -(이)다' are used in stating sentences for explanation, newspaper article, diary and etc. instead of '-아요/어요' or '-ㅂ/습니다'. The present tense form of stating sentence endings are as follows.

In case of adjectives,
adjective stem + -다 : 따뜻하다 → 따뜻하다

In case of verbs,
If the verb stem ends with a vowel + -ㄴ다
: 오다 → 온다
If the verb stem ends with a consonant + -는다
: 먹다 → 먹는다

In case of nouns,
If the noun ends with a vowel + -다
: 학교 → 학교다
If the noun ends with a consonant + -이다
: 겨울 → 겨울이다

| | |
|---|---|
| 오늘은 날씨가 따뜻하다. | It's warm today. |
| 나는 매일 학교에 간다. | I go to school everyday. |
| 내 생일은 8월이다. | My birthday is in August. |

## 2. A/V-았/었다, N-였다/이었다

The past tense form of stating sentence endings are as follows.

In case of verbs or adjectives,
If the verb or adjective stem's last vowel ends with 'ㅏ' or 'ㅗ' + -았다 : 오다 → 왔다
If the verb or adjective ends with '하다', 하다 → 했다
: 공부하다 → 공부했다
In all other cases, add '-었다' : 먹다 → 먹었다

In case of nouns,
If the noun ends with a vowel + -였다
: 학교 → 학교였다
If the noun ends with a consonant + -이었다
: 생일 → 생일이었다

| |
|---|
| 어제 학교에서 친구를 만났다.<br>I met my friend at school yesterday. |
| 지난주에는 날씨가 아주 추웠다.<br>It was very cold last week. |
| 민수가 주말에 만난 사람은 애니였다.<br>The one whom Minsu met last weekend was Annie. |

## 3. V-(으)ㄹ 것이다

'-(으)ㄹ 것이다' is used for the future tense form of stating sentence ending with '-(으)ㄹ 거예요'.

If the verb stem ends with a vowel + -ㄹ 것이다
: 가다 → 갈 것이다
If the verb stem ends with a consonant + -을 것이다
: 읽다 → 읽을 것이다

| |
|---|
| 한국에서 공부할 것이다. I will study in Korea. |
| 다음 주에 고향에 돌아갈 것이다.<br>I'll go back to my hometown next week. |

## V-겠다

'-겠다' is used in case of '-겠어요' and '-겠습니다'.

가다 → 가겠다

| |
|---|
| 다음 주에 친구를 만나겠다.<br>I'm going to see my friend next week. |
| 책을 많이 읽겠다. I will read many books. |

## 4. S-아서/어서 S'

'S-아서/어서 S'' is used to connect two sentences in sequence. It is used when the first sentence is closely related to the second sentence. The first sentence is usually the method, way, or background of the second sentence.

If the verb stem ends with 'ㅏ' or 'ㅗ' + -아서
: 만나다 → 만나서
If the verb end with '하다', 하다 → 해서
: 요리하다 → 요리해서
In all other cases, add '-어서' : 만들다 → 만들어서

애니를 만났어요. + 점심을 먹었어요.
→ 애니를 만나서 점심을 먹었어요.

| |
|---|
| 도서관에 가서 공부했어요.<br>I went to the library and studied. |
| 꽃을 사서 여자 친구에게 줬어요.<br>I bought flowers and gave them to my girlfriend. |
| A : 저녁에 뭐 먹었어요? What did you have for dinner?<br>B : 불고기를 만들어서 먹었어요.<br>I made some bulgogi and ate it. |

Unlike connecting two sentences with '-고', the first sentence is closely related to the second sentence when they are connected with '-아서/어서'.

친구를 만나고 학교에 갔어요.

친구를 만나서 학교에 갔어요.

## 5. N와/과 N′

To combine a noun with another noun, '와/과' is used in the formal or objective text instead of '하고'.

If the noun ends with a vowel + -와 : 친구와 동생
If the noun ends with a consonant + -과 : 동생과 친구

| 아침에 빵과 우유를 먹었다.<br>I had bread and milk for breakfast. |
|---|
| 애니와 민수가 같이 학교에 간다.<br>Annie and Minsu go to school together. |

## 6. A/V-지 않다

'-지 않다' is used to express negation and is added to a verb or adjective stem.

고기를 먹지 않아요. = 고기를 안 먹어요.
주말에는 바쁘지 않아요. = 주말에는 안 바빠요.

When '-다' form is used, the difference between verbs and adjectives should be noticed. '-지 않는다' is added to a verb stem, and '-지 않다' is added to an adjective stem.

| 고기를 먹지 않는다. | I don't eat meat. |
|---|---|
| 주말에는 바쁘지 않다.<br>I'm not busy during weekends. | |

## UNIT 8 True and False

### 1. A-다고 하다, V-ㄴ/는다고 하다, N-(이)라고 하다

How to tell someone what other person said is expressed as stated below.

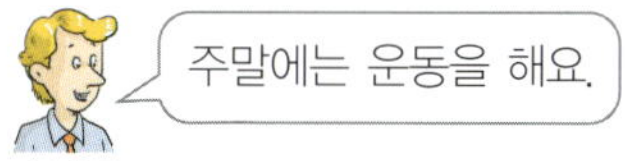


→ 마이클 씨가 주말에는 운동을 한다고 했어요.

When the sentence to quote is in the present tense, it is used as stated below.

In case of adjectives,
adjective stem + -다고 해요
: 재미있다 → 재미있다고 했어요

In case of verbs,
If the verb stem ends with a vowel + -ㄴ다고 해요
: 가다 → 간다고 했어요
If the verb stem ends with a consonant + -는다고 해요
: 먹다 → 먹는다고 했어요

In case of nouns,
If the noun ends with a vowel + -라고 하다
: 서울대학교 → 서울대학교라고 했어요
If the noun ends with a consonant + -이라고 하다
: 학생 → 학생이라고 했어요

| 마이클 씨는 한국어가 재미있다고 했어요.<br>Michael said that Korean language is interesting. |
|---|
| A : 오늘 크리스 씨가 학교에 와요?<br>Is Chris coming to school today?<br>B : 아파서 못 온다고 했어요.<br>He said that he couldn't come to school because he was sick. |
| A : 재민 씨는 대학생이에요?<br>Is Jaemin a college student?<br>B : 아니요, 대학원생이라고 했어요.<br>No, he said he's a graduate school student. |

# Grammar Reference 문법 설명

## 2. ~것 같다

To express the speaker's guess about an incident or a condition, '~것 같다' is used.

In case of verbs,
'V-는 것 같다' is used for present tense.
비가 오다 → 비가 오는 것 같다

'V-(으)ㄴ 것 같다' is used for past tense.
If the verb stem ends with a vowel + -ㄴ 것 같다
: 오다 → 온 것 같다
If the verb stem ends with a consonant + -은 것 같다
: 먹다 → 먹은 것 같다

'V-(으)ㄹ 것 같다' is used for future tense.
If the verb stem ends with a vowel + -ㄹ 것 같다
: 오다 → 올 것 같다
If the verb stem ends with a consonant + -을 것 같다
: 먹다 → 먹을 것 같다

| |
|---|
| 지금 밖에 비가 오는 것 같아요.<br>I think it's raining outside. |
| 미사코 씨는 어제 늦게 잔 것 같아요.<br>I think that Misako went to bed late yesterday. |
| 기차가 곧 도착할 것 같아요.<br>I think the train will arrive soon. |
| A : 오늘 비가 올까요?<br>Do you think it's going to rain today?<br>B : 네, 하늘이 흐려요. 비가 올 것 같아요.<br>Yes, it's cloudy. I guess it will rain. |

In case of adjectives,
'A-(으)ㄹ 것 같다' is used when the guess has a weak basis.
If the adjective stem ends with a vowel + -ㄹ 것 같다
: 예쁘다 → 예쁠 것 같다
If the adjective stem ends with a consonant + -을 것 같다 : 좋다 → 좋을 것 같다

'A-ㄴ/은 것 같다' is used when the guess has a solid basis.
If the adjective stem ends with a vowel + -ㄴ 것 같다
: 예쁘다 → 예쁜 것 같다
If the adjective stem ends with a consonant + -은 것 같다 : 좋다 → 좋은 것 같다

| |
|---|
| 저 구두가 잘 어울릴 것 같아요.<br>I think those shoes will match. |
| 구두가 예쁜데 좀 비싼 것 같아요.<br>I think the shoes are pretty but a little expensive. |
| A : 우리 냉면을 먹을까요?<br>Shall we have naengmyeon?<br>B : 좋아요. 맛있을 것 같아요.<br>Alright, I think it will be nice. |

For adjectives ending in '있다' or '없다', '-는 것 같다' is added to an adjective stem, even though they are not verbs.

재미있다 → 재미있는 것 같아요
맛없다 → 맛없는 것 같아요

In case of nouns, 'N-인 것 같다' is used.
학생 → 학생인 것 같다

| |
|---|
| 저 사람이 애니 씨인 것 같아요.<br>I guess that person is Annie. |

'~것 같다' is also used to present one's decision or opinion not so strongly but politely.

| |
|---|
| A : 그 영화 어때요? How is the movie?<br>B : 1편보다 재미없는 것 같아요.<br>I think it's less funny than the first version. |

### 3. A/V-았/었다고 하다

When the sentence to quote is in the past tense, it is used as stated below.

If the verb or adjective stem's last vowel ends with 'ㅏ' or 'ㅗ' + -았다고 하다 : 왔어요 → 왔다고 했어요
If the verb or adjective ends with '하다', 하다 → 했다고 하다 : 공부했어요 → 공부했다고 했어요
In all other cases, add '-었다고 하다' : 먹었어요 → 먹었다고 했어요

애니 씨는 토요일에 영화를 봤다고 했어요.
Annie said that she saw a movie on Saturday.

웨이 씨는 그 영화가 재미있었다고 했어요.
Wei said that the movie was interesting.

A : 웨이 씨, 미사코 씨가 한국어를 공부한 적이 있어요?
Wei, has Misako ever studied Korean language?
B : 네. 2년 전에 한국에서 공부했다고 했어요.
Yes. She said she studied Korean language in Korea two years ago.

### 4. A/V-(으)ㄹ 거라고 하다, V-겠다고 하다

When the sentence to quote is in the future tense, it is used as stated below.

To change a sentence ending in '-(으)ㄹ 거예요' into indirect speech, '-(으)ㄹ 거라고 하다' is used.
If the verb or adjective stem ends with a vowel + -ㄹ 거라고 하다 : 갈 거예요 → 갈 거라고 했어요
If the verb or adjective stem ends with a consonant + -을 거라고 하다 : 읽을 거예요 → 읽을 거라고 했어요

To change a sentence ending in '-겠습니다' or '-(으)ㄹ 게요' into indirect speech, '-겠다고 하다' is used.
전화하겠습니다 → 전화하겠다고 했어요
살게요 → 사겠다고 했어요

미사코 씨는 목요일에 학교에 올 거라고 했어요.
Misako said that she would come to school on Thursday.

재민 씨는 월요일에 숙제를 내겠다고 했어요.
Jaemin said that he would turn in his homework on Monday.

A : 크리스 씨가 언제까지 일을 끝낼 거라고 했어요?
What did Chris say about when he'll finish the work?
B : 다음 주까지 끝내겠다고 했어요.
He said that he would finish it by next week.

## UNIT 9 Conflict and Worry

### 1. V-자고 하다

For indirect speech of propositive sentence, '-자고 하다' is used after a verb stem.

가다 → 가자고 했어요
먹다 → 먹자고 했어요

마이클 : "같이 제주도에 가요."
→ 마이클 씨가 제주도에 가자고 했어요.
마이클 : "같이 냉면을 먹어요."
→ 마이클 씨가 냉면을 먹자고 했어요.

A : 마이클 씨가 뭐라고 했어?
What did Michael say?
B : 마이클 씨가 시간 있으면 같이 이야기하자고 했어.
Michael said that he wants to have a talk with us if we have some time.

A : 마이클 씨가 뭐라고 했어?
What did Michael say?
B : 마이클 씨가 같이 산에 가자고 했어.
Michael said that he wants to go to a mountain together.

# Grammar Reference 문법 설명

## 2. V-지 그래요?

'-지 그래요?' is used to ask or suggest someone politely to do something.

| | |
|---|---|
| 약을 먹지 그래요?<br>Why don't you take the medicine? | |
| 목이 마르면 물을 마시지 그래?<br>Why don't you drink water if you're thirsty? | |
| A : 너무 피곤해요.<br>B : 좀 쉬지 그래요? | I'm so tired.<br>Why don't you get some rest? |

## 3. V-(으)라고 하다

'-(으)라고 하다' is used for indirect speech of imperative sentence.

If the verb stem ends with a vowel + '-라고 하다'
: 가다 → 가라고 했어요

가세요. → 마이클 씨가 가라고 했어요.

마이클

If the verb stem ends with a consonant + '-으라고 하다' : 읽다 → 읽으라고 했어요

읽으세요. → 마이클 씨가 읽으라고 했어요.

마이클

| |
|---|
| 재민 씨가 9시까지 오라고 했어요.<br>Jaemin told me to come by 9 o'clock. |
| 미영 씨가 한복을 입으라고 했어요.<br>Miyeong told me to wear hanbok. |

### N을/를 주라고 하다, N을/를 달라고 하다

To change 'N을/를 주세요' into indirect speech, 'N을/를 달라고 하다' is used when the receiver is the speaker, and 'N을/를 주라고 하다' is used when the receiver is someone else.

미영 : "수미 씨에게 꽃을 주세요."
→ 미영 씨가 수미 씨에게 꽃을 주라고 했어요.

미영 : "(나한테) 꽃을 주세요."
→ 미영 씨가 꽃을 달라고 했어요.

### V-아/어 주라고 하다, V-아/어 달라고 하다

To change 'V-아/어 주세요' into indirect speech, 'V-아/어 달라고 하다' is used when the beneficiary of the action or object is the speaker himself/herself, and 'V-아/어 주라고 하다' is used when the receiver is someone else.

미영 : "수미 씨에게 꽃을 사 주세요."
→ 미영 씨가 수미 씨에게 꽃을 사 주라고 했어요.

미영 : "(나한테) 꽃을 사 주세요."
→ 미영 씨가 꽃을 사 달라고 했어요.

| |
|---|
| A : 수미 씨에게 무슨 선물을 줄 거예요?<br>What present are you going to buy for Sumi?<br>B : 수미 씨가 옷을 사 달라고 했어요.<br>Sumi told me to buy clothes for her. |

## 4. V-지 말라고 하다

'-지 말라고 하다' is used for indirect speech of negative imperative sentence.

가지 마세요. → 마이클 씨가 가지 말라고 했어요.

마이클

읽지 마세요. → 마이클 씨가 읽지 말라고 했어요.

마이클

## 5. ~냐고 하다

How to tell someone what other person asked is stated as follows.

### V-느냐고 하다

In case of verbs, '-느냐고 하다' is added to a verb stem

in indirect speech.

가다 → 가느냐고 했어요
먹다 → 먹느냐고 했어요

미영 씨가 어디에 가느냐고 했어요.
Miyeong asked me where I was going.

미영 씨가 뭘 먹느냐고 물었어요.
Miyeong asked me what I was eating.

A : 재민 씨한테 뭐라고 했어?
What did you say to Jaemin?
B : 방학에 어디로 여행가느냐고 했어.
I asked him where he would be travelling during the vacation.

### A-(으)냐고 하다

'-(으)냐고 하다' is added to an adjective stem in indirect speech.

If the adjective stem ends with a vowel + '-냐고 하다'
: 바쁘다 → 바쁘냐고 했어요
If the adjective stem ends with a consonant + '-으냐고 하다' : 많다 → 많으냐고 했어요

미영 씨가 길이 복잡하냐고 했어요
Miyeong asked me if the street was crowded.

미영 씨가 한국이 좋으냐고 했어요.
Miyeong asked me if I liked Korea.

### N-(이)냐고 하다

'-(이)냐고 하다' is added to a noun in indirect speech.

If the noun ends with a vowel + -냐고 하다
: 학교 → 학교냐고 했어요
If the noun ends with a consonant + -이냐고 하다
: 학생 → 학생이냐고 했어요

미영 : "생일이 언제예요?"
→ 미영 씨가 생일이 언제냐고 물었어요.

A : 미영 씨가 뭐라고 했어요?
What did Miyeong say?
B : 미영 씨가 어느 나라 학생이냐고 물었어요.
Miyeong asked me what country I am from.

### A/V-았/었느냐고 하다

When the sentence to quote is in the past tense, '-았/었느냐고 하다' is used.

수미 : "어제 어디에 갔어요?"
→ 수미 씨가 어제 어디에 갔느냐고 했어요.

수미 : "길이 복잡했어요?"
→ 수미 씨가 길이 복잡했느냐고 했어요.

A : 수미 씨가 뭐라고 했어요?
What did Sumi say?
B : 수미 씨가 시험 잘 봤느냐고 물었어요.
Sumi asked me how I did on the exam.

A : 수미 씨가 뭐라고 했어요?
What did Sumi say?
B : 수미 씨가 영화가 재미있었느냐고 물었어요.
Sumi asked me if the movie was interesting.

### A/V-(으)ㄹ 거냐고 하다

When the sentence to quote is in the future tense, '-(으)ㄹ 거냐고 하다' is used.

수미 : "내일 뭐 할 거예요?"
→ 수미 씨가 내일 뭐 할 거냐고 했어요.

A : 수미 씨가 뭐라고 했어요?
What did Sumi say?
B : 수미 씨가 무슨 책을 읽을 거냐고 물었어요.
Sumi asked me what book I was going to read.

'-고 묻다' or '-고 물어보다' can also be used instead of '-고 하다' in the indirect speech of the question.

미영 씨가 어디에 가느냐고 했어요.
= 미영 씨가 어디에 가느냐고 물었어요.
= 미영 씨가 어디에 가느냐고 물어봤어요.

# Culture Translation 문화

## UNIT 1 Experience

### Stone tower

In Korea, you often see stone towers of various sizes in the mountains. A long time ago, Korean believed that if you wish upon a stone, a tree, or a moon, your wish would come true. Even nowadays, you can still find people mounting a stone tower or making a wish in front of a giant tree when you go to the mountains.

## UNIT 2 Hobbies

### Taekwondo

Taekwondo is a Korean martial art with a long history and tradition. It was widely recognized after debuting as one of the demonstration events at the 1988 Seoul Olympics. It became more renowned when it was accepted as an official medal event at the 2000 Sydney Olympics.

Different colored belts worn around the uniform denote different levels or ranks. Beginners wear white belts and the next levels are followed by yellow, blue, and red belts. Highest ranks wear black belts.

## UNIT 3 Employment

### Why won't they eat miyeokguk (seaweed soup)?

Koreans give ddeok (rice cake) or yeot (traditional candies) to wish good luck when someone has an important exam (i.e. college entrance exam) or job interviews. This comes from a pun on a common Korean colloquial phrase, 'to stay stuck or glued on to' which means 'to pass an exam'. This pun generates another superstition that one should not eat eggs or miyeokguk (seaweed soup) before an important exam or job interviews. Koreans believe that since both eggs and seaweed are slimy and slippery, you will not be able to stay stuck-in other words, you will not pass the exam or interviews. Is there specific food that you must eat or is prohibited to eat before an important exam or job interviews in your country?

## UNIT 4 Fashion

### Dongdaemun Market

At Dongdaemun Market, you can buy clothes, shoes, bags and many other items at a very low price. The Market opens late in the morning but stays open until the wee hours of the next morning. It swarms with a throng of people coming to shop late at nights after they get out of work. Recently, a lot of foreign visitors come to shop as well because of low prices and good qualities of products sold in the Market.

## UNIT 5 Out of order

### Let's do away with formality!

Do you think all Koreans start using Banmal(informal, intimate speech style) right away to someone younger than them? This is not the case at all! When grown-ups meet for the first time, it is a common etiquette to use a formal speech. However, it tends to create an uncomfortable atmosphere if someone older continues to use formal speech to someone junior his or her age. In such situations, the younger person will usually say "please use Banmal". What if you are of the same age? The word, 동갑 means 'same age' in Korean. Korean adults who are 동갑 will still use a formal speech when they meet for the first time. Once they become more acquainted, however, then one or the other will eventually say "let's do away with formality" and start using Banmal.

## UNIT 6 Change

### Time capsule

On November 29, 1994, Seoul City Government created a time capsule to commemorate the Seoul City's 600th birthday as the nation's capital. This time capsule has been buried in Namsangol in Seoul and contains 600 items that represent life and culture of Seoul City, such as kimchi, subway ticket, trendy clothes and school exam papers. The time capsule is scheduled to be opened 400 years later on November 29, 2394 for people to see what it was like 400 years prior to their time.

## UNIT 7 Information

### Holiday cuisine

Seollal (New Year's Day) and Chuseok (Harvest Moon Day) are the two most important holidays in Korea. Both holidays are observed on lunar calendar years. Seollal is the first day of the New Year and Koreans traditionally start the year by eating ddeokguk. Korean people say 'eating ages' for the meaning of 'getting older'. Eating one bowl of ddeokguk means you age one year.
Chuseok is on August 15th on the lunar calendar and it is a day to thank the ancestors after a harvest. On Chuseok, families gather around and make a crescent moon shaped rice cake called songpyeon. People say that if you make a pretty songpyeon, you will have a pretty daughter.

## UNIT 8 True and False

### Is your mouth light or heavy?

Do you know someone who can't keep their mouth shut and spills the beans all the time? You cannot trust someone like that with your secrets. Such a person is described to have a 'light mouth' in Korean. On the other hand, someone with a 'heavy mouth' is someone who is trustworthy and keeps a secret well. Do you have a 'light mouth' or a 'heavy mouth?'

## UNIT 9 Conflict and Worry

### Terms of address between husband and wife

The word 남편 means husband and 아내 means wife in Korean. Married women use the word 남편 when speaking of their own husbands, but married men often use the word 집사람 instead of the word 아내 to refer to their own wives. The word 집사람 literally means a house person or a person who is in the house. However, when speaking of someone else's wife, men will use the expressions ~씨 아내 or ~씨 부인.

# Listening Transcript 듣기 지문

## UNIT 1 Experience

p.24

1. Listen carefully and mark O if the man has experienced it before, and mark X if he has not experienced it before.

1) 여자 : 중국에 가 봤어요?
남자 : 네, 두 번 가 봤어요.

2) 여자 : 스키를 타 본 적이 있어요?
남자 : 그럼요. 작년 겨울에 타 봤어요.

3) 여자 : 한국 음식을 만들어 봤어요?
남자 : 아니요, 만들어 본 적은 없지만 한번 만들어 보고 싶어요.

4) 여자 : 서울에서 운전해 본 적이 있어요?
남자 : 저는 운전을 못하는데요.

5) 여자 : 여자 친구한테 꽃을 사 준 적이 있어요?
남자 : 저는 아직 여자 친구가 없어요.

2. Listen carefully and choose the correct answer.

크리스 : 웨이 씨, 춘천에 가 본 적이 있어요?
웨이 : 네, 작년 여름에 가 봤어요. 그런데 왜요?
크리스 : 이번 휴가에 춘천에 가고 싶어서요. 웨이 씨는 춘천에 갔을 때 뭘 했어요?
웨이 : 배도 타고 자전거도 탔어요.
크리스 : 어땠어요?
웨이 : 정말 좋았어요.
크리스 : 춘천은 무슨 음식이 유명해요?
웨이 : '닭갈비'가 유명해요. 좀 맵지만 정말 맛있어요. 크리스 씨, 닭갈비 먹어 봤어요?
크리스 : '닭갈비'요? 아직 못 먹어 봤어요. 이번에 춘천에 가면 꼭 먹어 보고 싶어요.

3. Misako is talking about her journey. Listen to Misako and fill in the blanks.

안녕하세요? 여러분, 여러분은 여행을 좋아하세요? 오늘 저는 여러분에게 여행 이야기를 할 거예요. 여러분은 독일에 가 본 적이 있어요? 저는 작년 여름에 혼자 독일에 갔다 왔어요. 저는 전에 혼자 여행한 적이 없어서 처음에는 걱정이 많았어요.

4. Misako's story goes on. Listen to Misako again and answer the questions.

공항에 도착했을 때 저녁 6시였어요. 공항에서 지하철을 타고 호텔로 갔어요. 호텔은 별로 안 멀었어요. 호텔에서 체크인을 하고 배가 고파서 가까운 식당에 갔어요. 저는 독일 음식을 먹어 보고 싶었어요. 그래서 메뉴를 보고 돼지고기 요리를 시켰어요. 저는 독일 음식을 처음 먹어 봤는데 좀 짰지만 맛있었어요.
저녁을 먹고 시내를 구경하고 싶어서 시내로 갔어요. 저녁이었지만 시내에는 사람이 많았어요. 여행 온 외국 사람들이 많았어요. 일본 사람도 있고 한국 사람도 있었어요.

## UNIT 2 Hobbies

p.38

1. Listen carefully and mark O if the man knows how to do it, and mark X if he doesn't know how to do it.

1) 여자 : 스키 탈 줄 알아요?
남자 : 그럼요. 아주 잘 타요.

2) 여자 : 춤추는 거 좋아해요?
남자 : 아니요, 저는 정말 춤을 못 춰요.

3) 여자 : 그럼 수영은 좋아해요?
남자 : 네, 수영은 아주 잘해요.

4) 여자 : 피아노는 잘 쳐요?
남자 : 피아노를 칠 줄 몰라요.

5) 여자 : 그림은 잘 그려요?
남자 : 그림도 못 그려요. 시간이 있으면 배우고 싶어요.

2. Listen carefully and match each number with the correct picture.

1) 남자 : 시간이 있으면 뭐 해요?
여자 : 저는 그림을 그려요.
남자 : 자주 그려요?
여자 : 가끔 그려요.

2) 남자 : 취미가 뭐예요?
여자 : 제 취미는 독서예요.
남자 : 무슨 책을 읽어요?
여자 : 저는 역사책을 좋아해요.

3) 남자 : 수영하는 거 좋아해요?
여자 : 네, 아주 좋아해요.
남자 : 수영이 재미있어요?
여자 : 네, 아주 재미있어요.

4) 남자 : 시간이 있으면 뭘 해요?
여자 : 저는 여행을 자주 가요.
남자 : 보통 어디로 많이 가요?
여자 : 저는 바다로 많이 가요.

**3.** Listen to the conversation and choose the correct answer.

재민 : 와, 이 사진 정말 멋있어요. 이거 애니 씨가 찍었어요?
애니 : 네. 지난번에 설악산에서 찍었어요.
재민 : 아, 그래요? 사진 찍는 게 취미예요?
애니 : 네, 사진 찍는 거 좋아해요. 재민 씨는 취미가 뭐예요?
재민 : 저는 태권도를 배우고 있어요. 태권도 할 줄 알아요?
애니 : 아니요, 할 줄 몰라요. 좀 가르쳐 줄 수 있어요? 배우고 싶어요.
재민 : 그럼 애니 씨는 저에게 사진 찍는 거 가르쳐 주고, 저는 애니 씨에게 태권도를 가르쳐 주는 게 어때요?
애니 : 아, 그거 좋은 생각이에요. 그럼 우리 내일부터 시작할까요?

**4.** Listen to the conversation and choose the correct answer.

남자 : 오늘 시간 있으면 같이 저녁 먹을까요?
여자 : 미안해요. 오늘은 시간이 없어요.
남자 : 다른 약속이 있어요?
여자 : 요즘 저녁에 골프를 배우고 있어요.
남자 : 언제부터 배웠어요?
여자 : 일주일 전부터 배웠어요.
남자 : 그래요? 나도 골프를 배우고 싶은데. 한 달에 얼마예요?
여자 : 150,000원이에요.
남자 : 그럼 나도 배울까요?
여자 : 그래요. 그럼 같이 배워요.

## UNIT 3 Employment

p.53

**1.** Listen and match each number with the reason why he does not apply for the company.

1) 여자 : 이 회사에서 사람을 구하는데 한번 지원해 보는 게 어때요?
남자 : 그 회사는 집에서 너무 멀기 때문에 싫어요.

2) 여자 : 그럼 이 회사는 어때요?
남자 : 그 회사는 월급이 너무 적기 때문에 안 가고 싶어요.

3) 여자 : 그럼 여기는 어때요? 이 회사는 월급이 많아요.
남자 : 그 회사는 너무 일찍 출근해야 하기 때문에 힘들어요.

4) 여자 : 음……. 그럼 여기에 이력서를 내 보세요. 여기는 출근이 9시까지예요.
남자 : 그 회사에 가면 일을 너무 많이 해야 하기 때문에 힘들어서 싫어요.
여자 : 네?

**2.** Listen and choose the correct answer.

남자 : 여보세요. 애니 씨, 저는 은성학원의 김은성이라고 합니다.
여자 : 네, 안녕하세요?
남자 : 애니 씨의 이력서를 보고 전화했어요. 애니 씨, 전에 학생들을 가르쳐 본 적이 있습니까?
여자 : 네. 다른 학원에서 6개월 정도 일해 본 적이 있습니다.
남자 : 집이 어디지요?
여자 : 마포입니다.
남자 : 그럼 우리 학원에서 좀 먼데 괜찮습니까?

여자 : 네. 저는 아침에 일찍 일어나기 때문에 괜찮습니다.
남자 : 월요일부터 금요일까지 매일 일할 수 있습니까?
여자 : 오전에는 한국어를 배워야 하기 때문에 안 되지만 오후에는 괜찮습니다.
남자 : 네. 좋습니다. 그럼 내일 2시에 우리 학원으로 한번 올 수 있습니까?
여자 : 네. 그럼 내일 뵙겠습니다. 안녕히 계세요.
남자 : 네. 안녕히 계세요.

**3.** Listen and choose the correct answer.

남자 : 여보세요. 서울식당이지요?
여자 : 네, 그렇습니다.
남자 : 아르바이트 광고를 보고 전화드렸는데요.
여자 : 네. 월요일부터 금요일까지 일할 수 있어요?
남자 : 저는 월, 수, 금요일에 한국어를 배우기 때문에 화요일하고 목요일에 일할 수 있습니다.
여자 : 그럼 화요일하고 목요일에는 오전 11시부터 오후 3시까지 일할 수 있어요?
남자 : 네.
여자 : 좋아요. 그럼 내일이 화요일이니까 내일부터 나올 수 있어요?
남자 : 내일은 좀 어려운데요. 목요일부터 시작해도 될까요?
여자 : 좋아요. 그럼 목요일 오전 11시까지 오세요.
남자 : 네, 안녕히 계세요.

## UNIT 4 Fashion

p.66

**1.** Listen and match the person's name with the place where he is going to.

1) 여자 : 재민 씨, 어디에 가요?
남자 : 밥 먹으러 가요.

2) 여자 : 크리스 씨, 어디에 가요?
남자 : 돈 바꾸러 가요.

3) 여자 : 마이클 씨, 어디에 가요?
남자 : 과일을 좀 사러 가요.

4) 여자 : 레오 씨, 어디에 가요?
남자 : 감기약을 사러 가요.

**2.** Listen and choose the correct answer.

여자 : 어떻게 오셨어요?
남자 : 머리를 자르러 왔는데요.
여자 : 어떻게 해드릴까요?
남자 : 글쎄요.
여자 : 이런 머리는 어떠세요? 요즘 이런 머리가 유행이에요.
남자 : 마음에 들어요. 이 사진처럼 앞머리는 짧게, 뒷머리는 깔끔하게 다듬어 주세요.

**3.** Listen and choose the correct answer.

웨이 : 미사코 씨, 가방이 아주 예뻐요. 새로 샀어요?
미사코 : 아니요. 어머니 거예요. 20년 전쯤에 작은 가방이 유행했는데, 요즘 이런 가방이 다시 유행하고 있어요. 이 목걸이도 어머니 거예요.
웨이 : 와! 정말 멋있어요. 이 선글라스도 어머니 거예요?
미사코 : 아니요. 선글라스는 새로 샀어요.
웨이 : 나중에 이런 선글라스가 유행할 때 미사코 씨 딸한테 이 선글라스를 주면 좋겠어요.
미사코 : 웨이 씨도 집에 가서 부모님 물건을 한번 찾아보세요. 돈도 아끼고 멋쟁이도 될 수 있으니까요.

## UNIT 5 Out of order

p.80

**1.** Listen and match each number with the people who are talking to each other.

1) 남자 : 용돈 좀 더 주세요.
여자 : 지난번에 용돈 많이 줬는데 무슨 소리야?
남자 : 교통 카드 사고, 책 사서 돈이 없어요.

여자 : 뭐 하는데 돈이 또 필요해?
남자 : 친구도 만나야 되고 점심도 먹어야 돼서 많이 필요해요. 더 주세요. 네?

2) 남자 : 저, 이번 달 월급 좀 미리 받을 수 있습니까?
여자 : 네? 오늘이 3일인데 30일에 받는 월급을 미리 받아요?
남자 : 네. 죄송합니다. 급한 일이 있어서요.
여자 : 글쎄요. 지난달에도 월급을 미리 받았지요?
남자 : 네. 그때는 아이가 아파서…….

3) 남자 : 나 10만 원 좀 빌려 줘.
여자 : 뭐? 10만 원? 왜?
남자 : 오늘 데이트가 있는데 돈이 없어. 월급 받으면 줄게.
여자 : 안 돼. 싫어. 지난번에 빌려 준 5만 원도 못 받았는데.
남자 : 정말 미안해. 월급 받으면 빨리 갚을게.

**2.** Listen and check(√) whose idea it is.

1) 여자 : 여보, 지금 뭐 해?
남자 : 신문에 있는 차 광고 보고 있어.
여자 : 뭐? 차 새로 살 거야?
남자 : 응. 차가 계속 고장 나서 불편해. 새 차로 바꾸고 싶어.
여자 : 그냥 고쳐.
남자 : 지금 고치면 잠깐은 괜찮지만 또 금방 고장 날 거야.
여자 : 그럼 다음에 고장 나면 새 차를 사자. 응?
남자 : 싫어. 고치는 돈이 더 많이 들어.
지금 타는 차를 팔고 그 돈으로 사면 돼.
여자 : 지금 타는 차는 옛날 차라서 돈 많이 못 받아.
새 차를 사면 돈이 많이 들 거야.
남자 : 싼 차를 사면 돼.

2) 여자 : 요즘 차가 자꾸 고장이 나서 문제예요.
남자 : 몇 년 동안 탔어요?
여자 : 7년 동안 탔어요.
남자 : 그럼 고장이 많이 나겠네요.
새로 사는 게 어때요?
여자 : 새 차는 너무 비싸요.
남자 : 고장이 나서 돈이 드는 거보다 새 차를 사는 게 더 쌀 거예요.

3) 여자 : 나 운전면허 땄어.
남자 : 그래? 축하해.
여자 : 고마워. 나 내일 차도 사러 갈 거야.
새 차를 운전할 생각을 하니까 기분이 너무 좋아.
남자 : 새 차를 살 거야?
여자 : 물론이지.
남자 : 처음 운전하니까 중고차를 사는 게 좋아.
여자 : 왜?
남자 : 처음에 운전하면 실수도 많이 하고 사고도 잘 나니까 중고차를 사는 게 좋아.
여자 : 그래? 고장이 나면 고치는 돈이 많이 들 거야.
남자 : 잘 보고 고르면 괜찮아.

**3.** Listen to the conversation over the phone and answer the questions.

남자 : 여보세요?
여자 : 네. 한국전자 서비스 센터입니다. 뭘 도와 드릴까요?
남자 : 노트북이 고장 났어요. 전원을 켰는데 화면이 안 나와요.
여자 : 다른 건 괜찮습니까?
남자 : 이상한 소리도 나요. 기사를 좀 보내 주세요.
여자 : 죄송합니다. 노트북은 손님이 가지고 오셔야 됩니다.
남자 : 아, 그래요? 거기가 어디지요?
여자 : 신림동 서울백화점 앞입니다.

## UNIT 6 Change

p.94

**1.** Listen and check(√) if the statement is about the past or present.

1) 제가 어렸을 때에는 재미있는 프로그램이 많아서 텔레비전을 보면 시간이 정말 빨리 갔어요. 하지만 요즘은 텔레비전이 재미없어졌어요. 요즘은 집에서 텔레비전 보는 것보다 극장에서 영화 보는 것을 더 좋아하게 됐어요.

2) 저도 어렸을 때는 다른 아이들처럼 책 읽는 것을 별로 좋아하지 않았어요. 하지만 지금은 혼자 있을 때 책을 읽으면 마음이 편해지고 필요 없는 생각을 안 하게 되어서 자주 책을 읽어요.

3) 어렸을 때 저는 이야기하는 것을 아주 좋아했어요. 처음 만나는 사람들하고도 이야기를 잘했어요. 하지만 고등학생 때 성격이 좀 달라졌어요. 지금은 친구들과 있을 때 제일 조용한 사람이 저예요.

**2.** Listen and choose the correct answer.

여자 : 마이클, 언제 한국에 왔어?
마이클 : 작년 겨울에 왔어. 그때는 날씨가 너무 추워서 빨리 고향으로 돌아가고 싶었어.
여자 : 이제는 날씨가 따뜻해져서 괜찮지?
마이클 : 응, 고향 날씨처럼 따뜻해서 정말 좋아.
여자 : 한국 생활은 어때? 재미있어?
마이클 : 처음에는 친구가 없어서 너무 심심했어. 그런데 요즘 친구도 많아지고 생활도 재미있어졌어. 그런데 아직도 한국어 뉴스를 들으면 잘 이해할 수 없어서 걱정이야.
여자 : 걱정하지 마. 지금은 좀 어렵지만 열심히 공부하면 1년 후에는 뉴스도 이해하게 될 거야.
마이클 : 그럴까? 빨리 그런 날이 오면 좋겠어.

**3.** Listen and answer the questions.

마틴 : 진수 씨는 언제 결혼했어요?
진수 : 2년 전쯤에요.
마틴 : 결혼하니까 좋아요?
진수 : 그럼요.
마틴 : 결혼하고 제일 큰 변화가 뭐예요?
진수 : 음……. 전에는 회사 일이 끝나면 친구들 만나서 항상 집에 늦게 들어갔지만 결혼 후에는 집에 일찍 들어가게 됐어요.
마틴 : 부인 얼굴을 빨리 보고 싶어서요?
진수 : 하하, 맞아요. 요즘은 딸 얼굴이 보고 싶어서 더 빨리 집에 들어가요.
마틴 : 그리고 또 뭐가 달라졌어요?
진수 : 결혼 전에는 부모님한테 전화를 별로 안 했어요. 그런데 요즘은 자주 하게 됐어요. 특히 딸을 보면 부모님 생각을 많이 하게 돼요. 그런데 마틴 씨는 언제쯤 결혼할 거예요?
마틴 : 글쎄요. 대학교 졸업하고 취직도 해야 되니까 아마 서른 살은 넘어야 될 거예요.
진수 : 빨리 결혼하세요. 결혼하면 저처럼 좋은 변화가 많아지니까요.

## UNIT 7 Information

p.108

**1.** Listen and write the number of the pictures in the order for Jaemin's schedule today.

오늘 아침 6시에 일어나서 공원에 가서 운동을 했다. 7시에 집에 들어와서 샤워를 했다. 그리고 8시에 집에서 나와서 버스를 타고 학교에 갔다. 학교에 8시 반에 도착해서 샌드위치를 먹었다. 아침 9시부터 12시까지 수업을 들었다. 수업이 끝나고 지하철을 타고 시내에 갔다. 거기에서 미사코 씨를 만나서 점심을 먹었다. 그리고 영화를 봤다. 저녁 6시에 집에 돌아왔다.

**2.** Listen to the announcement. Mark O if the statement is true, and mark X if the statement is not true.

1) 알려 드립니다. 8일 수요일에 아파트 물탱크 청소를 하기 때문에 수요일 아침 10시부터 오후 1시까지 3시간 동안 물이 나오지 않습니다. 주민 여러분께 불편을 드려서 죄송합니다.

2) 알려 드립니다. 내일 오전에 지하 주차장 청소가 있습니다. 아침 9시부터 11시까지 지하 주차장에 주차할 수 없습니다. 그렇지만 1층 주차장에는 주차할 수 있습니다. 청소는 11시쯤 끝납니다.

3) 알려 드리겠습니다. 10일 오후에 우리 건물 엘리베이터를 점검합니다. 그래서 오후 1시부터 5시까지 엘리베이터를 타실 수 없습니다. 불편을 드려서 죄송합니다.

**3.** Listen to the radio program and answer the questions.

여러분은 '오후의 라디오'를 듣고 계십니다.
다음은 한국컴퓨터에서 일하는 애니 브라운 씨가 우리 프로그램 홈페이지에 쓰신 글인데요. 제가 읽어 드리겠습니다.

나는 미국 사람이다.
세 달 전에 한국에 왔는데 지금 한국 회사에 다니고 있다.
한국에서는 회사 근처의 신림동에서 혼자 살고 있다.
어제는 내 생일이었다.

그런데 아침에 늦게 일어나서 아침도 못 먹고 회사에 갔다.
일이 많아서 회사 식당에서 간단히 점심을 먹고 사무실로 돌아왔다.
그런데 내 책상 위에 케이크와 꽃이 있었다.
그리고 회사 직원들이 모두 생일 노래를 불러 줬다.
정말 고마웠다. 그리고 외롭지 않았다.
우리 회사 직원들에게 말하고 싶다.
"한국컴퓨터 직원 여러분, 정말 사랑해요!"

애니 씨, 이런 좋은 친구들이 있어서 한국 생활이 힘들지 않지요? 저도 애니 씨 생일 정말 축하해요. 애니 씨에게 노래 선물 보내 드립니다.
김나나의 '생일 축하해요'.

**3.** Listen and choose the correct answer.

여자 : 어? 밖을 좀 봐. 날씨가 갑자기 흐려졌어. 비가 올 것 같아.
남자 : 오늘 일기 예보에서 밤에 비가 온다고 했어.
여자 : 아……. 정말 슬프다. 30살 생일 파티를 멋있게 하고 싶어서 식당도 미리 예약하고 왔는데, 친구들도 못 온다고 하고, 비도 오고.
남자 : 슬퍼하지 마. 나도 왔고, 수지하고 재민이도 온다고 했으니까. 그리고 미사코한테 전화했는데 회사 일 끝나고 오겠다고 했어. 9시쯤 올 것 같아. 우리 먼저 식사를 주문할까?
여자 : 조금 더 기다려보는 게 어때? 곧 올 것 같은데…….

## UNIT 8 True and False

p.122

**1.** It's Wei's birthday party today. Her friends haven't arrived yet. Listen to the reasons why Wei's friends are late or can't come to the party. Match each person's name with his/her reason.

1) 여자 : 마이클이 안 왔네.
남자 : 어젯밤에 잠을 못 자서 오늘은 집에서 쉰다고 했어.

2) 여자 : 애니도 없네.
남자 : 몸이 안 좋아서 병원에 가야 된다고 했어.

3) 여자 : 미사코는 온다고 했지?
남자 : 응, 그런데 지금 일이 많아서 회사에서 일하고 있다고 했어.

4) 여자 : 크리스는?
남자 : 지금 오고 있는데 교통사고가 났다고 했어.

**2.** Suji left a message on Wei's cell phone. Mark O if it is true, and mark X if it is not true.

나 수지인데, 정말 미안해. 조금 늦을 것 같아. 앞의 차들이 교통사고가 나서 길이 많이 막혀. 30분쯤 후에 도착할 것 같아. 조금만 기다려 줘. 정말 미안해. 참! 재민이도 나하고 같이 있어. 빨리 갈게.

## UNIT 9 Conflict and Worry

p.136

**1.** Listen to their worries and match each number with the appropriate suggestion.

1) 남자 : 회사 일이 너무 많아요. 밤에 늦게 끝나고 외국 출장도 자주 가야 해서 아이들 얼굴 보기도 힘들어요.
여자 : 그럼 아이들에게 자주 전화를 해 보지 그래요? 바쁘지만 시간을 내서 전화를 하면 아이들하고 이야기도 할 수 있고 좋을 거예요.

2) 남자 : 요즘 몸이 많이 안 좋아요. 자주 피곤하고 머리도 아파요.
여자 : 그럼 아침에 걷기 운동을 해 보지 그래요? 운동할 시간이 없으면 회사까지 걸어서 가는 것도 좋을 것 같은데요.

3) 남자 : 요즘은 한 번 들은 것을 자꾸 잊어버려서 걱정이에요. 전에는 모두 기억할 수 있었는데 요즘은 조금 전에 들은 것도 자꾸 잊어버려요.
여자 : 그럼 들은 것을 수첩에 써 보지 그래요?
너무 일이 많거나 바쁘면 그럴 수 있어요.

4) 남자 : 고향에서는 친구가 많았는데 한국에 와서 친한 친구가 없어서 고민이에요. 어떻게 하면 한국 친구를 사귈 수 있을까요?
여자 : 그럼 우리 그림 그리는 모임에 와 보지 그래요? 거기에 오면 한국 친구를 많이 사귈 수 있을 거예요.

**2.** Listen and choose the correct answer.

남자 : 김수미 씨, 퇴근 안 해요?
여자 : 네. 김 과장님이 금요일까지 끝내라고 한 일이 있어서요. 사장님도 금요일까지 보고서 정리해서 내라고 하셨는데 정말 큰일이네요.
남자 : 그럼 사장님 보고서부터 먼저 하지 그래요?
여자 : 아니에요. 김 과장님이 이거 못 끝내면 다음 주 휴가 가지 말라고 했어요. 저 일해야 되니까 먼저 퇴근하세요.
남자 : 알겠어요. 약속이 있어서 먼저 갈게요. 미안해요.

**3.** Listen and choose the correct answer.

여자 : 누구 전화인데 안 받아요?
남자 : 한 달 전에 소개 받은 여자가 자꾸 만나자고 전화해서 너무 귀찮아요.
여자 : 그럼 한번 만나 보지 그래요?
남자 : 전에 한 번 더 만났는데 별로 마음에 안 들어요. 내가 정말 좋아하는 사람은 만나 주지도 않고…….
여자 : 마음에 드는 사람이 있어요?
남자 : 네. 옆 사무실에 있는 양 대리요. 제가 며칠 전부터 만나자고 전화하는데 계속 싫다고 하네요.

# Grammar Glossary 문법색인

# Glossary 단어 색인

| ㄱ |

| | | Unit |
|---|---|---|
| 가깝다 | close / near | 1 |
| 가끔 | sometimes | 3 |
| 가입하다 | to join (a club) | 6 |
| 가장 | most / best | 6 |
| 가지 | kind | 1R |
| 가지고 가다 | to take along | 5 |
| 가지고 오다 | to bring | 5 |
| 간단히 | simply / easily / briefly | 7 |
| 감기약 | cold medicine | 4 |
| 갑자기 | suddenly | 8 |
| 값 | price | 6 |
| 갔다 오다 | to have been to (a place) | 1 |
| 갚다 | to pay back | 5 |
| 거기 | there | 1R |
| 거짓말 | lie | 5 |
| 걱정하다 | to worry | 6 |
| 건물 | building | 6R |
| 걷기 | walking | 9 |
| 걸리다 | to be stuck | 5 |
| 게시판 | notice-board | 8R |
| 게임 | game | 9 |
| 겨울 | winter | 6 |
| 경영학 | Business administration | 8R |
| 경영학과 | department of Business administration | 8R |
| 경제학 | Economics | 3 |
| 경찰 | police | 7 |
| 경치 | view | 7 |
| 경험 | experience | 9R |
| 계속 | continuously | 5 |
| 고르다 | to choose / to select | 1 |
| 고맙다 | grateful / appreciated | 7 |
| 고민 | worry | 9 |
| 고장 | out of order | 5 |
| 고치다 | to repair / to fix | 5 |
| 고향 | hometown | 1 |
| 곧 | soon | 8 |
| 골프 | golf | 2 |
| 공부가 안되다 | can't study | 9R |
| 공짜 | free of charge | 1R |
| 과자 | cookie | 9 |
| 과장님 | head of a department | 9 |
| 관심 | interest | 4R |
| 관악산 | Gwanaksan | 7 |
| 광고 | advertisement | 3 |
| 교통 카드 | transportation card | 5 |
| 교통사고 | traffic accident | 8 |
| 교포 | Korean residing abroad | 9R |
| 구경하다 | to watch | 1R |
| 구두쇠 | miser | 5 |
| 구하다 | to look for | 3 |
| 구하다 | to save | 7 |
| 국적 | nationality | 3 |
| 궁금하다 | curious | 9R |
| 귀엽다 | cute | 4 |
| 귀찮다 | annoying | 9 |
| 귤 | tangerine | 1 |
| 그냥 | as it is | 5 |
| 그동안 | in the meantime / during that time | 6R |
| 그때 | at that time | 5 |
| 그래프 | graph | 7R |
| 그런 | such / that sort of | 4 |
| 그렇다 | to be so | 4R |
| 그만두다 | to quit | 9 |
| 근무하다 | to work | 3 |
| 글 | writing | 7 |
| 금방 | just right now / just a moment ago | 5 |
| 급하다 | urgent | 4R |
| 기쁘다 | joyful / delightful / happy | 1 |
| 기사 | engineer / repairing technician | 5 |
| 기사 | article | 7R |
| 기억하다 | to remember | 9 |
| 기타 | others | 7R |
| 기회 | chance | 3R |
| 길이 막히다 | the road is blocked | 5R |
| 깔끔하다 | neat | 4 |

깨끗하다 clean ········ 4R
꺼지다 to be put out ········ 7
꼭 by all means / in any case ········ 1
꾸다 to dream (a dream) ········ 1
꿈 dream ········ 1
끄다 to turn off ········ 7
끊다 to cut off / to quit ········ 3
끝 end ········ 7

## | ㄴ |

Unit

나가다 to go out ········ 6
나다 to occur / to come out / to happen ········ 5
나라 country ········ 3
나오다 to appear ········ 1
나중에 after / afterwards / later on ········ 2R
나흘 four days ········ 1
날 the day ········ 6
내년 next year ········ 8
내다 to spare (time) ········ 9
내다 to turn in ········ 3
내려가다 to go down ········ 7
내려오다 to come down ········ 7
너 you ········ 5
넘다 to be over ········ 6
넥타이 tie ········ 2
노트북 laptop computer ········ 5
녹음 recording ········ 5
녹화 video recording ········ 5
놀다 to play ········ 9
놓다 to put ········ 1R
눈치가 없다 slow-witted ········ 7R
느리다 slow ········ 5
늦다 late ········ 4

## | ㄷ |

Unit

다 all ········ 1R
다듬다 to trim ········ 4
단어 word ········ 9R
단풍 tinted autumn leaves ········ 1R
달다 sweet ········ 8
닭갈비 dakgalbi (chicken ribs) ········ 1
담당자 person in charge ········ 5
닷새 five days ········ 1
당신 you ········ 5
대 era / period ········ 6R
대리 deputy manager ········ 9
대학원생 graduate school student ········ 8
댁 house (honorific) ········ 1
댄스 dance ········ 2
데리고 오다 to bring (a person) with one ········ 9R
데이트 date ········ 5
도시락 lunch box ········ 8
도움 help ········ 9R
독서 reading ········ 2
돌 stone ········ 1R
돌아가다 to go back / to return ········ 1
돌아가시다 to pass away ········ 1
돌아오다 to come back ········ 7
돌탑 stone tower ········ 1R
돕다 to help ········ 5
동아리 club ········ 6
동대문 시장 Dongdaemun Market ········ 4
돼지고기 pork ········ 1
되다 to be (recorded) ········ 5
뒷머리 hair on the back of the head ········ 4
들다 to cost / to take ········ 5
드리다 to give (honorific) ········ 3
들리다 to be heard ········ 5
들어오다 to come in ········ 7
등산하다 to climb a mountain ········ 1
디지털 카메라 digital camera ········ 2R

# Glossary 단어 색인



| ㄹ |

Unit



| ㅁ |

Unit



| ㅂ |

Unit

보통 normal / ordinary 4R
부르다 to sing 2
부모님 parents 4
부엌 kitchen 9R
분명히 for sure / for certain 8
불 fire 7
불편 inconvenience 7
불편하다 uncomfortable / inconvenient 5
비디오 video player 5
빌려주다 to lend 9
빌리다 to borrow 5
빠르다 fast 2

## | ㅅ |

Unit

사고 accident 5
사귀다 to go out with / to make friends 8
사장님 the president of a company 5
사흘 three days 1
살다 to live 3
살사 salsa 2
삼겹살 samgyeopsal (fatback of pork) 4
상 prize / award 1
상담실 consulting center 5R
새 new 5
새로 new(ly) 4
새해 new year 3
샌드위치 sandwich 7
생각하다 to think 4R
생기다 to have looks (appearance) 9
서른 thirty 6
서비스 service 3R
서비스 센터 service center 5
서점 bookstore 4
선글라스 sunglasses 4
선로 railroad / railway 7
선물 gift 7
선물하다 to give (as a gift) 2R
설날 Seollal (New Year's Day) 7
설악산 Seoraksan 2
성격 personality 3R
성명 name 5
세 –years old (counting unit for age) 7R
세계 world 6
세배 New Year's bow 7
세상 world 6R
소개 introduction 9
소개하다 to introduce 6
소리 sound 5
소방관 fire fighter 7
소비자 consumer 5R
소원 wish 1R
쇼핑몰 shopping mall 3R
쇼핑하다 to shop 2
수리 repair 5
수업 class 7
수첩 pocket notebook 9
순서 order 7R
스시 sushi 1
스타일 style 4
승객 passenger 7
시민 citizen 7
시원하다 cool 6
시키다 to order 1
시험공부 study for a test 4
식사 meal 1
신기하다 marvelous / wondrous 1R
신림동 Sillim-dong 5
신림역 Sillim Station 7
실수 mistake 5
실용성 practicality 4R
싫어하다 to dislike 2
싱가포르 Singapore 1
쌀쌀하다 chilly 6
쓰다 to use 9R

# Glossary 단어 색인

## | ㅇ |

| | | Unit |
|---|---|---|
| 아끼다 | to economize | 4 |
| 아니 | no (Banmal) | 5 |
| 아르바이트 | part-time job | 1 |
| 아름답다 | beautiful | 1R |
| 아리랑 | Arirang (Korean traditional folk song) | 4 |
| 아마 | maybe / perhaps / probably | 6 |
| 아이디어 | idea | 9 |
| 아이스커피 | iced coffee | 8 |
| 아주머니 | ma'am / middle-aged lady | 1R |
| 아파트 | apartment | 6R |
| 아흐레 | nine days | 1 |
| 안내문 | notice | 2R |
| 알리다 | to let (a person) know / to inform | 5R |
| 알아보다 | to check | 4 |
| 앞머리 | bang | 4 |
| 야근 | night duty | 3 |
| 약속을 지키다 | to keep the promise | 7R |
| 어느 | which | 3 |
| 어둡다 | dark | 9 |
| 어른 | adult / grown-up person | 7 |
| 어리다 | young | 1 |
| 어울리다 | to match / to suit | 8 |
| 어젯밤 | last night | 8 |
| 얼다 | to freeze | 5 |
| 얼음 | ice | 5 |
| 엄마 | mom | 5 |
| -에 대해서 | about | 6R |
| 에베레스트 | Mt. Everest | 6 |
| 에어컨 | air conditioner | 5 |
| 엘리베이터 | elevator | 7 |
| 여드레 | eight days | 1 |
| 여러 | many / various | 1R |
| 여러분 | everybody / all of you | 1 |
| 여름 | summer | 1 |
| 여보 | darling / dear / honey | 5 |
| 역 | station | 7 |
| 역사책 | history book | 2 |
| 연구소 | institute | 3 |
| 연극 | play | 3 |
| 연락 | contact | 3 |
| 연락하다 | to contract | 8R |
| 연락처 | contact list | 4R |
| 연습 | practice | 8R |
| 연습하다 | to practice | 6 |
| 열심히 | hard | 3 |
| 열차 | train | 7 |
| 열흘 | ten days | 1 |
| 염색하다 | to dye one's hair | 4 |
| 엿새 | six days | 1 |
| 예매하다 | to purchase in advance | 4 |
| 옛날 | old days / long time ago | 5 |
| 오르다 | to go up (price) | 7 |
| 온돌 | ondol (hot floor) | 6R |
| 온천 | hot spring | 1 |
| 올라가다 | to climb | 7 |
| 올림 | yours very truly | 6R |
| 옮기다 | to move | 9 |
| 외국어 | foreign language | 7 |
| 외롭다 | lonely | 7 |
| 외우다 | to memorize | 5 |
| 요리하다 | to cook | 2 |
| 요요 | yo-yo | 2 |
| 용감하다 | brave | 7 |
| 용돈 | allowance | 5 |
| 용산 | Youngsan | 4 |
| 운전면허 | driver's license | 5 |
| 울다 | to cry | 1 |
| 웃다 | to laugh | 1R |
| 월급 | monthly salary | 3 |
| 유명하다 | famous | 1 |
| 유학 | studying abroad | 9 |
| 유행하다 | to be in fashion | 4 |
| 음력 | the lunar calendar | 7 |
| 음악회 | music concert | 2 |
| 응 | yes (Banmal) | 5 |

| | | |
|---|---|---|
| 이따가 | a little later | 5 |
| 이런 | this kind of / such | 1 |
| 이레 | seven days | 1 |
| 이력서 | resume | 3 |
| 이상하다 | strange / unusual | 5 |
| 이야기 | story | 1 |
| 이유 | reason | 3R |
| 이제 | now | 6 |
| 이쪽 | this way | 3 |
| 이틀 | two days | 1 |
| 이해하다 | to understand | 6 |
| 인기 | popularity | 4 |
| 인기가 있다 | popular | 7R |
| 인터뷰 | interview | 8R |
| 인터뷰하다 | to interview | 3 |
| 일기 예보 | weather report | 8 |
| 일찍 | early | 3 |
| 잃어버리다 | to lose | 1 |
| 입에 맞다 | to suit one's taste | 8R |
| 입원하다 | to go to hospital / to be hospitalized | 1 |
| 입학하다 | to enter (a school) | 8R |

### | ㅈ |

| | | Unit |
|---|---|---|
| 자기 | one's own | 4R |
| 자기소개 | self introduction | 3 |
| 자기소개서 | cover letter | 3R |
| 자꾸 | frequently | 5 |
| 자르다 | to cut | 2 |
| 자신 | one's own self | 8R |
| 자연 | nature | 2R |
| 자연스럽다 | natural | 4 |
| 잡지 | magazine | 1 |
| 저기 | there | 4 |
| 저희 | our (polite form) | 3R |
| 전공 | major | 3 |
| 전시회 | exhibition | 2R |
| 전원 | power | 5 |
| 전자 사전 | electronic dictionary | 4 |
| 전혀 | never | 3 |
| 절 | temple | 1R |
| 절대로 | never | 9 |
| 젊다 | young | 7 |
| 점 | fact / point | 4R |
| 점검하다 | to inspect / to check | 7 |
| 접수 번호 | receipt number | 5 |
| 접수 일시 | the time and date of receipt | 5 |
| 접수증 | receipt | 5 |
| 정리하다 | to arrange / to organize | 9 |
| 정수기 | water purifier | 5 |
| 제목 | title / topic / subject | 2R |
| 제일 | most / best | 6 |
| 조사 | investigation / survey | 3R |
| 조사하다 | to investigate | 3R |
| 조심하다 | to watch out / to be careful | 1 |
| 조용하다 | quiet | 4 |
| 졸다 | to doze | 9 |
| 졸업하다 | to graduate | 6 |
| 좀 | a little / a bit | 4 |
| 종이 | paper | 5 |
| 죄송하다 | sorry | 5 |
| 주 | week | 6R |
| 주걱 | rice-scoop | 9R |
| 주문하다 | to order | 8 |
| 주민 | resident | 7 |
| 주식 | staple food | 6R |
| 주인 | owner | 8 |
| 주차하다 | to park | 7 |
| 준비 | preparation | 8R |
| 중고차 | used car | 5 |
| 중요하다 | important | 4R |
| 즐겁다 | enjoyable / merry | 1 |
| 지각하다 | to be late | 7 |
| 지갑 | wallet | 1 |
| 지난달 | last month | 5 |

## | ㅎ |

| | Unit |
|---|---|
| -하고 (같이)　with (a person) | 1 |
| 하루　one day | 1 |
| 학기　semester | 5 |
| 학년　school year / grade | 7R |
| 학원　private academy | 3 |
| 한국어 교육　Education of Korean language | 3 |
| 헤어지다　to part / to break up | 1 |
| 호수　lake | 1R |
| 혼자　alone | 1 |
| 화가 나다　to be angered | 2R |
| 화를 내다　to get angry | 9R |
| 화면　screen | 5 |
| 회식　dining together | 9 |
| 회의　meeting | 3 |
| 휴학하다　to withdraw from school temporarily | 8 |
| 흐리다　cloudy | 8 |
| 히터　heater | 5 |

집필위원

**장은아** 고려대학교 교육학과 박사
서울대학교 언어교육원 한국어교육센터 대우조교수

**김은아** 서울대학교 외국어교육과 박사과정 수료
서울대학교 언어교육원 한국어교육센터 대우조교수

**채숙희** 서울대학교 국어국문학과 박사
서울시립대학교 국제교육원 객원교수

**이현의** 이화여자대학교 한국학과 박사과정 수료
서울대학교 언어교육원 한국어교육센터 대우전임강사

번역위원

**현혜미** 이화여자대학교 외국어로서의 한국어교육학과 석사
서울대학교 언어교육원 한국어교육센터 연구원

## *Active Korean 3*

지은이 서울대학교 언어교육원
발행처 (주)투판즈
주소 서울시 강남구 논현로 303
전화 (02)2140-2500
팩스 (02)2140-2599
인터넷 주소 www.twoponds.co.kr
등록 1980년 10월 7일 제2004-000086호
초판 1쇄 2008년 3월 5일
19쇄 2026년 3월 1일



「이 도서의 국립중앙도서관 출판시도서목록(CIP)은
e-CIP 홈페이지(http://www.nl.go.kr/ecip)에서 이용하실 수 있습니다.
(CIP제어번호: CIP2008000403)」